Privatinsolvenz

Beck-Rechtsberater im dtv

ORIGINALAUSGABE
dtv Verlagsgesellschaft mbH & Co KG
Tumblingerstraße 21, 80337 München

Redaktionelle Verantwortung: Verlag C.H. Beck oHG
Wilhelmstraße 9, 80801 München
Satz: mediaTEXT Jena GmbH, Jena
Druck: Westermann, Zwickau
Gestaltung: Sabina Sieghart, München
Umschlag: Designconcept Krön, Puchheim
ISBN 978-3-423-51262-3 (dtv)
ISBN 978-3-406-77418-8 (C.H. Beck)
ISBN 978-3-406-77419-5 (eBook)

www.dtv.de
www.beck.de

9 783406 774188

Olaf Hiebert

Privatinsolvenz

So gelingt der wirtschaftliche Neuanfang
Leitfaden für Verbraucher und Unternehmer

3. Auflage

Beck-Rechtsberater im dtv

Inhalt

Der Autor

DR. OLAF HIEBERT ist seit mehr als 13 Jahren Rechtsanwalt. Der Fachanwalt für Insolvenzrecht und Partner einer bundesweit tätigen Rechtsanwaltsgesellschaft war nach einer Promotion zu einem insolvenzrechtlichen Thema zunächst fünf Jahre in der Insolvenzverwaltung tätig, um seinen Schwerpunkt dann auf die Beratung von Unternehmern und Privatpersonen zu legen. Er vertritt sowohl Schuldner als auch Gläubiger und kennt beide Seiten. Zahlreiche Veröffentlichungen zum Insolvenzrecht weisen ihn als Experten aus. Herr Dr. Hiebert hält Vorträge zu relevanten insolvenzrechtlichen Themen bei Verbänden, Behörden und Unternehmen. Seit 2018 hat er einen Lehrauftrag an der Hochschule für Polizei und öffentliche Verwaltung des Landes Nordrhein-Westfalen.

Einführung

Im Oktober 2020 waren in Deutschland rund 6,9 Millionen Menschen über 18 Jahre überschuldet. Neben den wirtschaftlichen Folgen wird von den Betroffenen vor allem der soziale Stress als erhebliche Belastung empfunden. Schulden beeinträchtigen die Lebensqualität und können ernsthafte Erkrankungen verursachen. Häufig fehlt jede Chance, die Schulden abzuzahlen. Kosten und Zinsen erhöhen die Verbindlichkeiten immer weiter. Die Situation erscheint aussichtlos. Dies muss nicht sein.

Es gibt in Deutschland einen LEGALEN WEG, um ALLE SCHULDEN dauerhaft LOSZUWERDEN. Der wirtschaftliche Neuanfang ist vom Gesetzgeber gewollt. Jedem und jeder soll die Möglichkeit offenstehen, auch wenn die Schulden auf eigenen Fehlern oder Unvernunft beruhen.

Kredite für den privaten Konsum werden uns seit Jahren durch teils aggressive Werbung aufgedrängt. Haushaltsgeräte, Urlaube, Autos und auch Handy werden durch Kredit finanziert. Zum Problem wird dies, wenn der Kreditnehmer aufgrund von Krankheit oder wirtschaftlichen Entwicklungen arbeitslos wird. Zinsen und Kosten lassen den Schuldenberg immer weiter wachen. Der VERBRAUCHER sitzt in der Schuldenfalle.

Eine weitere Gruppe von Schuldnern bilden SELBSTSTÄNDIGE und UNTERNEHMER. Eine mutige Idee kann scheitern. Das unternehmerische Risiko ist für erfahrene Mittelständler, Start-Ups und andere Gründer enorm. Neben unternehmerischen Fehlern können auch externe, völlig unerwartete Ursachen die wirtschaftliche Existenz vernichten und nichts als einen Schuldenberg hinterlassen.

Spätestens seit der CORONA-PANDEMIE sind auch noch so wirtschaftlich vernünftig und vorsichtig handelnde Personen in die Schuldenfalle geraten. Einnahmen fallen überraschend weg, Kreditzinsen und Kosten machen jeden Versuch zunichte, wirtschaftlich wieder auf die Beine zu kommen. Scheitern Verhandlungen mit den Gläubigern, ist die Privatinsolvenz der einzig richtige Weg zum wirtschaftlichen Neuanfang. Dies gilt für Selbstständе, aber auch für Geschäftsführer von insolventen Gesellschaften mit beschränkter Haftung (GmbH) oder Kommanditgesellschaften (KG). Diese Rechtsformen schützen das Privatvermögen des Geschäftsführergesellschafters nur vermeintlich.

Ganz gleich, was nun die Ursache für Ihre Schulden ist: Es gibt eine Lösung und mit diesem Buch möchte ich Ihnen zeigen, wie es geht. Wenn die Verhandlungen mit Ihren Gläubigern scheitern, ist die PRIVATINSOLVENZ der richtige Weg aus den Schulden. Leider ist dieser Weg – wie so vieles in Deutschland – sehr kompliziert gestaltet. Ein Dschungel aus unverständlichen Rechtsbegriffen, Verfahrensarten, Vorschriften, Regeln, Ausnahmen und Ausnahmen von der Ausnahme erschwert die Entschuldung. Schon der Begriff Insolvenz schreckt ab. Hinzu treten eine unübersichtliche Rechtsprechung und häufige Gesetzesänderungen.

Erfreulich ist: Seit einer umfangreichen Gesetzesänderung zum 1.1.2021 kann jeder in nur DREI JAHREN SCHULDENFREI werden. Ein wirtschaftlicher Neuanfang ist möglich und ein Leben an der Pfändungsfreigrenze nicht mehr nötig. Und noch mehr: Seit dem 1.1.2021 steht einigen Schuldnern sogar eine „INSOLVENZ OHNE INSOLVENZ" offen. Bei diesem Schuldenschnitt wird eine Vereinbarung mit allen Gläubigern oder ein Vergleich mit der Zustimmung der Mehrheit der Gläubiger gegen eine Minderheit durch ein Gericht bestätigt. Sanierungsmoderation und Restrukturierungsplan sind hier die Stichworte.

Dieses Buch ist keine wissenschaftliche Arbeit und verzichtet überwiegend auf Paragrafen. Es bietet KONKRETE ANTWORTEN zu dem ab dem 1.1.2021 gültigen Recht, aber auch Hinweise für Altverfahren. Welche Anträge bei welchem Gericht muss ich stellen und wer hilft mir dabei? Welche Rechte und Pflichten habe ich? Wie viel bleibt mir von meinem Einkommen? Was passiert mit meiner privaten Krankenversicherung und meiner Altersvorsorge? Kann ich ein Fahrzeug behalten oder kaufen? Kann ich noch Verträge schließen und ein Bankkonto haben? Darf ich während des Verfahrens selbstständig tätig oder Geschäftsführer sein? Wie ist das geregelt? Haftet mein Partner für meine Schulden? Was tun bei Konflikten mit Insolvenzverwalter oder Gläubigern? Werde ich von allen Schulden befreit und darf ich neue Schulden machen? Zugleich erhalten GLÄUBIGER einen kenntnisreichen Blick auf die Privatinsolvenz und eine Antwort auf alle wichtigen Fragen von der Forderungsanmeldung bis zum Risiko von Rückzahlungen an den Insolvenzverwalter durch die sogenannte INSOLVENZANFECHTUNG.

Dieses Buch kann eine fundierte Beratung und Vertretung nicht ersetzen. Es ermöglicht Ihnen aber ganz sicher, den Ablauf des Verfahrens und seine Einzelheiten zu verstehen. Auf diese Art lassen sich viele Konflikte mit Insolvenzverwaltern oder Gläubigern vermeiden. Vor allem aber stellen Sie durch kluges Handeln sicher, dass Sie spätestens nach drei Jahren wirklich schuldenfrei sind und wirtschaftlich neu anfangen. Sie bekommen auch ein Gefühl dafür, ob in Ihrem Verfahren alles richtig läuft oder anwaltlicher Rat notwendig wird. Als Autor versuche ich die Leserinnen und Leser direkt anzusprechen und mich in die bei Ihnen auftretenden Fragen hineinzuversetzen. Dennoch kommt es vor, dass ich zur Erklärung von „dem Schuldner" spreche. Auch der Insolvenzverwalter und die Gerichte werden Sie stets als „Schuldner" bezeichnen. Nehmen Sie dies hin. Denn nach einem erfolgreichen Privatinsolvenzverfahren werden Sie eines nicht mehr sein: der Schuldner. Aus Gründen der Übersichtlichkeit beschränke ich mich ferner darauf, ausschließlich das generische Maskulinum zu verwenden. Es versteht sich von selbst, dass jede Person unabhängig von ihrem Geschlecht in wirtschaftliche Schwierigkeiten geraten kann und das Gesetz jedem Menschen hilft.

Das Buch hat eine klare STRUKTUR. Das ERSTE KAPITEL beantwortet die grundsätzlichen Fragen zur Privatinsolvenz. Worum handelt es sich hierbei und wann konkret ist es für mich von Nutzen? Was passiert eigentlich in einer Insolvenz, was kostet mich diese und wie bringe ich diese auf den Weg. Im ZWEITEN KAPITEL stelle ich Ihnen eine stark vereinfachte Übersicht über den Ablauf des gesamten Privatinsolvenzverfahrens zusammen. Dabei werden alle speziellen Verfahrensarten und Abkürzungsmöglichkeiten auf dem Weg zur Entschuldung erläutert. Das DRITTE KAPITEL behandelt alle wichtigen wirtschaftlichen und privaten FRAGEN rund um die Insolvenz. Die in den Vorauflagen als FRAGEN UND ANTWORTEN dargestellten Inhalte sind nun sehr übersichtlich in THEMATISCHE ABSCHNITTE unterteilt und deutlich ergänzt worden. Die Pflichten des Schuldners zur Erlangung der Restschuldbefreiung werden wegen ihrer hohen Bedeutung im VIERTEN KAPITEL hervorgehoben beleuchtet. Im dritten und vierten Kapitel finden Sie auch besonders viele praktische TIPPS.

Das FÜNFTE KAPITEL behandelt alle wichtigen Themen aus der Sicht eines GLÄUBIGERS, die über die Inhalte der vorherigen Kapitel hinausgehen. Dies betrifft die FORDERUNGSANMELDUNG, die Teilnahme am Insolvenzverfahren und das größte finanzielle Risiko für Gläubiger, die sogenannte INSOLVENZANFECHTUNG. Auch Schuldner sollten sich diesen Punkt genau ansehen, denn die Privatinsolvenz kann durch die Insolvenzanfechtung des Insolvenzverwalters für Familienmitglieder, Freunde und langjährige Geschäftspartner zur Existenzbedrohung werden. Hier helfen meine Hinweise auf die Vermeidung von Anfechtungsrisiken. Abschließend erläutert ein GLOSSAR die komplizierten Begriffe noch einmal in einer praktischen Übersicht.

1 Grundsätzliche Fragen zur Privatinsolvenz

Das erste Kapitel bietet eine Übersicht zu den wichtigsten Fragen: Was bringt mir eine Privatinsolvenz? In welchen Situationen kann ich aus einer Privatinsolvenz Nutzen ziehen und was passiert bei einer Insolvenz? Sie erfahren, wie Sie eine Insolvenz beginnen können und erhalten einen Überblick über die Folgen eines Insolvenzantrags und der Eröffnung eines Verfahrens. Abgerundet wird das Kapitel mit der häufigen Frage: Was kostet mich eine Privatinsolvenz?

1. Grundsätzliche Fragen zur Privatinsolvenz

I. Was bringt mir eine Privatinsolvenz?

Die Privatinsolvenz ermöglicht es jedem und jeder in spätestens drei Jahren schuldenfrei zu sein. Leider ist der Weg dorthin komplizierter als nötig. Dennoch lohnt er sich sehr. Als Rechtsanwalt und Fachanwalt für Insolvenzrecht vertrete ich seit mehr als 13 Jahren Mandanten in wirtschaftlich schwierigen Situationen. Meine Mandanten berichten mir sehr häufig, wie befreiend die Zeit nach dem Insolvenzantrag ist, trotz aller Komplikationen. Die ständigen Mahnungen und Drohungen der Gläubiger hören mit dem Beginn des Insolvenzverfahrens auf. Vollstreckungen der Gläubiger sind verboten. Ruhe kehrt ein. Überflüssige Verträge werden automatisch beendet. Es gibt die Perspektive für ein Leben ohne Schulden, ohne ständigen Blick auf die Pfändungsfreigrenze, ohne Besuche des Gerichtsvollziehers. Als Selbstständiger können Sie sofort nach dem Insolvenzantrag wieder durchstarten. Niemand droht mit der Vollstreckung in Ihren Betrieb. Keiner kann Sie wegen alter Verbindlichkeiten vor Gericht zerren. Leben Sie als Arbeitnehmer oder im Ruhestand wieder ein Leben ohne gesperrtes Bankkonto. Widmen Sie sich als Unternehmer neuen Projekten und Ideen. Dies alles ermöglicht die Privatinsolvenz.

Das Wort Privatinsolvenz klingt abschreckend. Die Formulare und das Gerichtsgebäude sind es auch. Der Dschungel aus Begrifflichkeiten, Verpflichtungen und die Schreiben des Insolvenzverwalters verunsichern. Nicht selten kommt es auch zu Konflikten mit Insolvenzverwaltern oder deren Mitarbeitern, die gelöst werden müssen. Die Vorschriften sind so kompliziert, dass auch diese Insolvenzspezialisten Fehler machen, zu viel von Ihnen verlangen oder in Ihre Rechte eingreifen. Und natürlich gibt es auch unter Insolvenzverwaltern schwarze Schafe. Das ist nur allzu menschlich. Sie sind hier aber nicht rechtlos gestellt.

Eine Insolvenz wird heute leider immer noch als Makel empfunden, was vor allem an der jahrzehntelangen negativen Berichterstattung liegt. Früher galt der Konkurs als der bürgerliche Tod des Kaufmanns. Insolvenz wird noch immer mit Begriffen wie „pleite“ oder „am Ende“ gleichgesetzt. Dabei bietet ein Insolvenzverfahren heute vor allem die Möglichkeit für eine erfolgreiche Sanierung. Nicht zuletzt lebt dieses Land von Menschen, die unternehmerische Risiken eingehen, um etwas aufzubauen und Arbeitsplätze zu schaffen. Diese Risiken können sich nun einmal verwirklichen. Es sollte selbstverständlich sein, dass diesen Menschen die Möglichkeit für einen wirtschaftlichen Neuanfang gegeben wird. Für kranke und in die Arbeitslosigkeit geratene Menschen gilt dies allemal. Schließlich müssen sich Gläubiger auch fragen lassen, weshalb sie denn in großem Umfang Kredite ohne qualifizierte Sicherheiten gewähren. Es gibt immer jemanden, der Schulden macht und jemanden, der dies erst ermöglicht.

Lassen Sie sich von den Hürden nicht abschrecken. Sie müssen heute weit weniger mit gesellschaftlicher Ächtung rechnen, als Sie annehmen. Ohne dass Sie es wissen, werden auch in Ihrem Freundes- und Bekanntenkreis Personen zu finden sein, die diskret die Chance für einen wirtschaftlichen Neuanfang genutzt haben oder dies sogar offensiv in der Presse vertreten. Spätestens seit der Corona-Pandemie und ihren wirtschaftlichen Folgen ist der Schritt in die Privatinsolvenz gesellschaftlich anerkannt.

Die VORTEILE der Privatinsolvenz auf einen Blick:

- Die Privatinsolvenz macht einen WIRTSCHAFTLICHEN NEUANFANG MÖGLICH. Jeder kann nach DREI JAHREN schuldenfrei werden.
- Gläubiger können ab Eröffnung des Insolvenzverfahrens NICHT MEHR VOLLSTRECKEN. Die ständigen Besuche des Gerichtsvollziehers enden bereits mit der Eröffnung des Insolvenzverfahrens. Die täglichen Briefe der Gläubiger sind ab diesem Tag Geschichte. Ansprechpartner ist nun der Insolvenzverwalter. Schuldner berichten mir immer wieder, dass neben der Entschuldung vor allem die Befreiung von der Last ständiger Drohungen, Vollstreckungen und anderer Arten des Gläubigerdrucks der große Vorteil des Insolvenzverfahrens ist. Die PSYCHISCHE ENTLASTUNG durch die Befreiung ist enorm und ermöglicht vielen Schuldnern erst wieder ein geregeltes und fröhliches Leben. Die Privatinsolvenz ist häufig entscheidend, um den Kopf für neue Unternehmungen oder die Suche nach einem Beschäftigungsverhältnis freizubekommen.
- Der Schuldner kann alle VERTRÄGE BEENDEN, die er nicht weiterführen möchte, auch wenn diese eine KÜNDIGUNGSFRIST haben. Vereinfacht gesagt enthält die Insolvenzordnung Sonderkündigungsrechte. So können Sie auf legalem Weg lästige Verträge loswerden. Zum Beispiel Leasing-, oder Mietverträge mit schlechten Konditionen, Lieferverträge und Abonnements, Dienst- und Versorgungsverträge. Dies ist vor allem sinnvoll, wenn zu hohe Kosten aus solchen Verträgen Sie in die wirtschaftliche Schieflage gebracht haben.

- Die Insolvenz verschafft dem Schuldner KÜNDIGUNGSSCHUTZ für WOHN- UND GESCHÄFTSRÄUME. Ab dem Insolvenzantrag kann der Vermieter nicht mehr wegen alter Mietzinsrückstände kündigen.
- Der Schuldner hat die Möglichkeit, nach Verfahrenseröffnung Geld, zum Beispiel für seine Altersversorgung, anzusparen, ohne zu befürchten, dass dies von seinen Insolvenzgläubigern durch Vollstreckung vereinnahmt wird.

II. Was passiert in der Insolvenz? – Wie werde ich schuldenfrei?

Der Weg aus den Schulden beginnt mit einem Antrag bei Gericht und endet mit einem Gerichtsbeschluss. In der Zwischenzeit müssen Sie viele Fragen beantworten und es ergehen zahlreiche weitere Gerichtsbeschlüsse. Der Ablauf des Verfahrens und seine Struktur sind unübersichtlich. Dies schafft Unsicherheit. Ein Verständnis der Grundstruktur wirkt dem entgegen und gibt Ihnen die nötige Sicherheit.

1. Grundprinzipien und Struktur der Privatinsolvenz

Das PRINZIP DER PRIVATINSOLVENZ ist einfach: Der Schuldner stellt sein gesamtes Vermögen den Gläubigern zur Verfügung, soweit er es nicht für den Lebensunterhalt oder die Altersvorsorge benötigt. Die Forderungen der Gläubiger werden aus diesem Vermögen befriedigt, so gut es eben geht, und die restlichen Schulden werden nach Ablauf von spätestens drei Jahren erlassen. Umgangssprachlich wird häufig von einem Schuldenschnitt oder einem SCHULDENERLASS gesprochen. Den juristisch korrekten Begriff der RESTSCHULDBEFREIUNG lernen Sie im Detail später kennen (siehe Seite 63 ff.). Der Schuldner kann diesen wirtschaftlichen Neuanfang problemlos auch dann erhalten, wenn er überhaupt kein Vermögen hat. Vermögen meint vereinfacht gesagt alle Gegenstände, die zu Geld gemacht werden können. Und genau das passiert auch.

Damit der Vorgang einigermaßen geordnet ablaufen kann, ernennt das INSOLVENZGERICHT einen INSOLVENZVERWALTER, der das Vermögen des Schuldners zu Geld macht und es an die Gläubiger verteilt. Da viele Schuldner kein Vermögen haben, erschöpft sich ihr Beitrag darin, die pfändbaren Anteile des Arbeitseinkommens jeden Monat an den Insolvenzverwalter abzuführen, der das Geld auf einem gesonderten Konto sammelt. Sofern auch kein Arbeitseinkommen vorhanden ist, erhalten die Gläubiger nichts; der Schuldner wird aber trotzdem nach drei Jahren schuldenfrei! Ferner muss jeder Gläubiger seine Forderung dem Insolvenzverwalter förmlich mitteilen. Der Insolvenzverwalter prüft die Plausibilität der Forderung. Ferner überwacht er, ob der Schuldner die im Gesetz genannten Pflichten erfüllt, und er berichtet über sämtliche Tätigkeiten dem Insolvenzgericht sowie einer Zusammenkunft der Gläubiger, genannt GLÄUBIGERVERSAMMLUNG. In der Praxis interessieren sich die Gläubiger wenig für das Privatinsolvenzverfahren. Niemand erscheint zur Gläubigerversammlung. Dies ist ein Grund dafür, dass diese Versammlungen meistens in einem SCHRIFTLICHEN VERFAHREN erledigt werden. Das Gericht ermöglicht allen Beteiligten die Einsicht in die Insolvenztabelle auf Wunsch im Gerichtsgebäude und setzt eine Frist für etwaige schriftliche Stellungnahmen. Gerade in kleinen Insolvenzverfahren und noch mehr in Verbraucherinsolvenzverfahren ist das schriftliche Verfahren heute Standard. Sie müssen als Schuldner also nicht mehr in das Gerichtsgebäude.

Dieses recht einfache Grundkonstrukt liegt der Privatinsolvenz in Deutschland zugrunde. Es wird jedoch durch zahlreiche Ausnahmen, unterschiedliche Verfahrensarten und einen bunten Strauß an Begrifflichkeiten – Kritiker sagen unnötig – verkompliziert. Auch ist der Weg bis zur Entschuldung in Deutschland trotz der jüngsten Reform zum Jahresende 2020 immer noch vergleichsweise lang. In Deutschland dauert er jetzt REGELMÄSSIG DREI JAHRE, in Altfällen aber noch fünf oder sechs Jahre, während man in England bereits nach einem Jahr schuldenfrei sein kann. Die Regelungen in Deutschland dienen sehr stark der Einzelfallgerechtigkeit. Auch herrscht noch immer die Meinung vor, der Schuldner müsse sich die Rechtswohltat der Entschuldung erst durch ein angemessenes Verhalten für eine bestimmte Dauer verdienen. Die unscharfen Begriffe der Wohlverhaltensperiode beziehungsweise -phase sind in diesem Zusammenhang zu nennen.

Geregelt ist das Insolvenzverfahren für sämtliche Schuldner – vom Verbraucher bis zum Weltkonzern – in den 359 Paragrafen der Insolvenzordnung (abgekürzt: InsO). Eigentlich sind es noch mehr Paragrafen, da man im Zuge von Reformen auch Paragrafen wie die §§ 4a bis 4d InsO eingefügt und so die herkömmliche Nummerierung verlassen hat. Seit dem 1.1.2021 ist auch noch das Unternehmensstabilisierungs- und -restrukturierungsgesetz (abgekürzt: StaRUG) hinzugekommen. Die 102 völlig neuen Paragrafen dienen vornehmlich der Sanierung von Unternehmen. Der Gesetzgeber hatte hierbei vor allem große Unternehmen im Blick. Allerdings enthält das Gesetz für Selbstständige mit der sog. Sanierungsmoderation in den §§ 94 ff. StaRUG eine interessante Option und sofern eine Zahlungsunfähigkeit noch nicht eingetreten ist, sondern lediglich droht, steht auch die Durchführung eines Restrukturierungsverfahrens zur Vermeidung einer Insolvenz zur Verfügung. Für die meisten Schuldner bleiben diese besonderen Verfahrensarten aber unerreichbar, weshalb auf den Seiten 59 ff. lediglich kurz auf die Sanierungsmoderation eingegangen wird.

2. Privat- oder Unternehmensinsolvenz – worin liegt der Unterschied?
In diesem Buch grenze ich ferner die PRIVATINSOLVENZ von der UNTERNEHMENSINSOLVENZ ab. Dieses Unterscheidungskriterium ist nicht unbedingt sehr aussagekräftig. Streng genommen unterscheiden sich die bekannten Insolvenzverfahren Galeria Karstadt Kaufhof GmbH oder des Herrn Anton Schlecker e.K. nicht in ihrer Komplexität. Beides sind beziehungsweise waren sehr große und bekannte Handelsunternehmen. Rechtsträger der Kaufhauskette Karstadt Kaufhof ist keine reale Person, sondern ein juristischer Rechtsträger. Diese werden entweder mit Zustimmung der Gläubiger durch einen Insolvenzplan entschuldet und tragen das Unternehmen weiter oder werden liquidiert, das heißt irgendwann gelöscht. Reale – Juristen sagen natürliche – Personen werden nicht gelöscht, sondern im Wege der Restschuldbefreiung auch GEGEN den Willen der Gläubiger entschuldet, sofern sie dies beantragen und einige Verhaltensweisen befolgen. Mit anderen Worten: Herr Schlecker wird eines Tages auch gegen den Willen seiner Gläubiger schuldenfrei sein; sofern er alles richtig gemacht hat.

Nun haben die meisten Privatinsolvenzen einen deutlich kleineren Umfang. Es geht um zu keinem Zeitpunkt unternehmerisch tätig gewesene Privatpersonen, die VERBRAUCHER genannt werden, aber auch um Handwerker, Ärzte, Künstler, Gastronomen, Kleinunternehmer und Mittelständler, die ihr Unternehmen zwar in Form einer juristischen Person – etwa einer GmbH – betrieben haben, dennoch aufgrund von Bürgschaften und Grundschulden mit ihrem Privatvermögen so umfangreich haften, dass sie zahlungsunfähig werden. Gerade im inhabergeführten Mittelstand folgt der Insolvenz der Gesellschaft (Müller GmbH) häufig die des Gesellschafters und Geschäftsführers (Herr Müller).

Die Fragen dieser natürlichen Personen sind hierbei stets die gleichen, und dies grenzt die Privatinsolvenz von der klassischen Unternehmensinsolvenz einer juristischen Person ganz erheblich ab.

Es ist schon schwer genug, sich das eigene wirtschaftliche Scheitern einzugestehen. Ist dies geschafft und der Wille zum Weg des wirtschaftlichen Neuanfangs gegeben, gibt es weitere Hürden.

Leider ist es nicht möglich, einfach zum INSOLVENZGERICHT zu gehen und einen Antrag zu stellen. Selbst wenn man herausfindet, dass es sich hierbei um das AMTSGERICHT handelt, in dessen Bezirk man lebt beziehungsweise wo eine etwaige selbstständige Tätigkeit ausgeübt wird, stellt sich die Frage nach der richtigen VERFAHRENSART und gegebenenfalls der Pflicht, zunächst einen qualifizierten Versuch zu unternehmen, mit den Gläubigern außergerichtlich eine Einigung herbeizuführen. Dieser sogenannte AUSSERGERICHTLICHE SCHULDENBEREINIGUNGSVERSUCH ist für das Verbraucherinsolvenzverfahren verpflichtend, für das Regelinsolvenzverfahren aber entbehrlich. Der Versuch muss auch dokumentiert und das Scheitern durch eine geeignete Stelle (zum Beispiel durch einen Rechtsanwalt) bestätigt werden. Verbraucher kann auch sein, wer einmal selbstständig gewesen ist. Andersherum kann auch ein Verbraucher dem Regelinsolvenzverfahren unterliegen – soweit, so unklar.

Grundsätzlich ist auf jede Person, egal ob Manfred Müller oder die Müller GmbH, das Regelinsolvenzverfahren anzuwenden, das eigentlich nur Insolvenzverfahren heißt, aber im Sprachgebrauch mit dem Zusatz „Regel" versehen wird, um es von anderen Verfahrensarten abzugrenzen. § 304 InsO bestimmt, wer einem besonderen Verfahren unterliegt und damit den – in der Praxis meist erfolglosen, lästigen und kostenintensiven – außergerichtlichen Schuldenbereinigungsversuch unternehmen muss. In das Verbraucherinsolvenzverfahren gehört, wer eine natürliche Person ist (Manfred Müller, nicht aber die GmbH) und keine selbstständige wirtschaftliche Tätigkeit ausübt oder ausgeübt hat. Dies sind in erster Linie Arbeiter und Angestellte, also sogenannte abhängig Beschäftigte, aber auch Beamte, Rentner, Hausfrauen etc. Vermögen und Anzahl der Gläubiger sind in diesem Fall unerheblich. Solange jemand eine selbstständige Tätigkeit ausübt (Architekt, Arzt, Gastronomen, Inhaber von Friseurgeschäften oder Blumenläden etc.) ist das Regelinsolvenzverfahren die richtige Verfahrensart. Ehemalige Selbstständige gehören eigentlich auch in das Regelinsolvenzverfahren, es sei denn, ihre Vermögensverhältnisse sind überschaubar und es bestehen keine Verbindlichkeiten aus Arbeitsverhältnissen (§ 304 Absatz 1 Satz 2 InsO). Die Rechtsprechung hat dann die Frage beantwortet, wann denn Vermögensverhältnisse überschaubar sind und was Arbeitsverhältnisse sind, da der Gesetzgeber lediglich festgelegt hat, dass Vermögensverhältnisse nur dann überschaubar sind, wenn weniger als 20 Gläubiger zu verzeichnen sind (§ 304 Absatz 2 InsO). Zu klären hatten die Juristen auch, welches Verfahren denn auf Personen anzuwenden ist, die nur nebenbei einer selbstständigen Tätigkeit nachgehen oder Alleingesellschafter und Geschäftsführer einer GmbH waren.

III. Wie starte ich die Insolvenz?

Die Insolvenz kann durch den Schuldner selbst („Eigenantrag“) oder einen Gläubiger („Fremdantrag“) gestartet werden. In beiden Fällen kann der Schuldner durch richtiges Handeln die Restschuldbefreiung erlangen. Unberechtigte Insolvenzanträge kann der Schuldner abwehren.

1. Der Insolvenzantrag des Schuldners
Hat man die für sich richtige Verfahrensart ermittelt, so wird eine Insolvenz nicht etwa „angemeldet“, wie man leider immer wieder liest und hört.

Der Schuldner muss MINDESTENS ZWEI, meistens aber DREI ANTRÄGE bei Gericht STELLEN:

1. Eröffnung des Insolvenzverfahrens über das eigene Vermögen
2. Erteilung der Restschuldbefreiung
3. Stundung der Verfahrenskosten

Die Anträge 1 und 2 sind zwingend, der Antrag zu 3 zumindest dann, wenn die Verfahrenskosten (Gerichtskosten, Vergütung und Auslagen des – vorläufigen – Insolvenzverwalters) nicht aus dem Vermögen des Schuldners aufgebracht werden können.

Verpassen Sie den Antrag auf Erteilung der Restschuldbefreiung und holen sie diesen trotz Hinweis des Gerichts nicht nach, wird Ihr Vermögen verwertet, aber Sie erhalten keine Schuldbefreiung – der WORST CASE.

Erfreulicherweise stellt die Justiz im Internet Formulare zur Verfügung, die immer ausgefeilter werden. Für das Verbraucherinsolvenzverfahren sind sie verpflichtend. Für das Regelinsolvenzverfahren zwar nicht, aber eine nützliche Hilfe, wenn dort – wie in Nordrhein-Westfalen – ein eigenes Feld für die Beantragung der Restschuldbefreiung vorgesehen ist (http://justiz.nrw.de/BS/formulare/insolvenz/eroeffnung_insolvenzverfahren/index.php).

VORSICHT:
Aufgrund der Änderungen zum 1.1.2021 sind noch immer viele falsche Formulare im Umlauf. Lassen Sie sich am besten durch einen Rechtsanwalt beraten oder nehmen Sie entsprechende Hinweise des Gerichts ernst.

Viele Formulare enthalten ein Feld im ersten Antragsformular, dass Sie ankreuzen und hierdurch den zweiten Antrag mitstellen können. Bearbeiten Sie die Formulare sehr sorgfältig.

Soweit Sie im Vorfeld des Insolvenzverfahrens Zahlungen an Gläubiger geleistet haben, sollten Sie etwaige Folgen des Insolvenzverfahrens VOR einem Antrag überdenken. STICHWORT: INSOLVENZANFECHTUNG. Insolvenzverwalter können Vermögensübertragungen bis zu 10 Jahren vor dem Zeitpunkt des Insolvenzantrags rückgängig machen und versuchen dies auch oft in unberechtigten oder zweifelhaften Fällen. Besonders Zahlungen und die Übertragung von Gegenständen wie Schmuck, Fahrzeugen, Grundstücke etc. sowie Schenkungen an nahe Angehörige und Insider sind problematisch. Für die Familie kann eine Lösung ohne Insolvenz insgesamt günstiger sein.

TIPP:
Wir empfehlen, VOR einem Insolvenzantrag unbedingt eine Beratung durch einen sachkundigen Anwalt.

2. Der Insolvenzantrag des Gläubigers – wie reagieren?
Sie können nicht nur selbst ein Insolvenzverfahren beantragen. Auch Ihre Gläubiger sind hierzu unter bestimmten Voraussetzungen berechtigt. Wichtigste Voraussetzung für diesen FREMDANTRAG ist, dass der Gläubiger einen Vollstreckungstitel hat. Krankenkassen und Finanzämter schaffen sich ihre Titel selbst, indem sie auf ihre Forderungsschreiben einfach einen Stempel setzen. Häufig stellen daher gerade diese Gläubiger einen Antrag.

Auch wenn der GLÄUBIGER einen INSOLVENZANTRAG STELLT, beauftragt das Insolvenzgericht zunächst einen Sachverständigen, der ein Gutachten zur Frage der Zahlungsunfähigkeit und der Vermögensverhältnisse des Schuldners erstellen muss. Dies ist der Moment, in dem Sie von einem Insolvenzantrag gegen Sie Kenntnis erhalten und zu einem Anwalt gehen sollten.

Der Gutachter wird kurzfristig mit Ihnen Kontakt aufnehmen und um einen Termin bitten. Sie können mit dem Gutachter kooperieren oder auch nicht. Grundsätzlich sind Sie zur Auskunft verpflichtet. Die Durchsetzung der Pflicht kann aber nur ein Insolvenzgericht vornehmen. Durch geschicktes Verhalten können Sie Zeit gewinnen, um ein Verfahren abzuwenden. Auch wenn Gutachter bisweilen so auftreten, haben sie keine polizeilichen Befugnisse und können gegen Ihren Willen weder private noch geschäftliche Räumlichkeiten betreten oder Gegenstände in Besitz nehmen. Sie sind zur Auskunft verpflichtet, aber wenn Sie nicht erreichbar sind, dann ist dies eben so. Der Gutachter kann sich dann nur durch das Insolvenzgericht besonders ermächtigen lassen, muss die Kompetenzen aber mit einem Gerichtsvollzieher durchsetzen. Er kann also auch nicht als vorläufiger Insolvenzverwalter den Betrieb eigenmächtig übernehmen, sondern muss sich gegebenenfalls mit einer vollstreckbaren Ausfertigung des Gerichtsbeschlusses durch einen Gerichtsvollzieher in den Besitz einweisen lassen. Die gewonnene Zeit können Sie zum Beispiel für Verhandlungen mit dem antragstellenden Gläubiger nutzen. Es gibt auch elegantere Möglichkeiten. Bisweilen lassen sich Gutachter auch darauf ein, zunächst abzuwarten, ob die Forderung des antragstellenden Gläubigers noch beglichen wird und dieser den Antrag zurücknehmen wird. Es gibt hier durchaus verständnisvolle Gutachter, die gerade bei geringen Verbindlichkeiten nicht jede Insolvenz durchpeitschen wollen, wenngleich sie genau damit Geld verdienen.

Über den Kopf des Gutachters hinweg können Sie unmittelbar Verhandlungen mit dem Gläubiger über die Rücknahme des Insolvenzantrags führen. Hierzu wird er regelmäßig aber nur bereit sein, wenn Sie alle offenen Forderungen des Gläubigers zum Ausgleich bringen. Finanziell ist dies häufig nicht möglich. Gerade mit Krankenkassen und Finanzämtern können dann konkrete Ratenzahlungsvereinbarungen getroffen werden. Die Finanzämter verlangen in der Regel, dass Sie Ihre Zahlungsfähigkeit nachweisen. Denn die Finanzämter sind verpflichtet, eine Gefährdung des Steueraufkommens zu vermeiden. Dass dieses durch ein Insolvenzverfahren vielfach erst recht gefährdet wird, steht auf einem anderen Blatt. Nicht selten endet die Insolvenz in der Liquidation und der Steuerzahler stellt seinen Betrieb ein. Zu allem Überfluss müssen im Wege der Insolvenzanfechtung (siehe hierzu Seite 133 ff.) auch in der Vergangenheit erhaltene Zahlungen auf Steuern an den Insolvenzverwalter erstattet werden. Am ehesten kann Ihr Steuerberater, der die Sprache des Finanzamts spricht, eine Rücknahme des Antrags erreichen. Die Aufstellung einer Liquiditätsplanung ist eine vertrauensbildende Maßnahme und wird von vielen Finanzämtern verlangt.

Grundsätzlich sollten Sie den Insolvenzantrag eines Gläubigers zum Anlass nehmen, um mit einem Fachanwalt für Insolvenzrecht Ihre wirtschaftliche Situation und etwaige eigene Insolvenzantragspflichten zu besprechen. So ein Antrag ist wie ein Weckruf und meist eine gute Gelegenheit, die finanziellen Verhältnisse durch Verhandlungen mit den Gläubigern oder durch eine selbst eingeleitete, geordnete Insolvenz zu steuern. Nutzen Sie den Insolvenzantrag eines Gläubigers, um ihre finanzielle Situation zu prüfen. Macht es wirklich Sinn, weiter mühsam Schulden abzutragen, die sich durch Zins und Zinseszins immer weiter auftürmen? Wie lange wird es dauern, bis alle Verbindlichkeiten getilgt sind? Oft schafft es der Schuldner gerade einmal, die Kosten der Gläubiger und einen Teil der Zinsen abzutragen. Die völlig überhöhten Zinsen sorgen dafür, dass die Schulden insgesamt immer weiter steigen. Lassen Sie sich von den niedrigen Zinsen nicht täuschen. Gesetzliche, erst recht aber vertragliche Verzugszinsen in Höhe von 17 Prozent wirken für Ihre Verbindlichkeiten wie ein Brandbeschleuniger.

Eine SELBST GEPLANTE, BEANTRAGTE und GESTEUERTE INSOLVENZ kann hier der bessere Weg sein. Vor allem, wenn eine Insolvenz in Eigenverwaltung, also ohne Insolvenzverwalter möglich ist. Lassen Sie sich hierzu spätestens dann beraten, wenn ein Gläubiger einen Insolvenzantrag stellt.

Soweit der Antrag berechtigt ist, sollte man mit dem Gutachter, der auch Sachverständiger genannt wird, kooperieren und die angeforderten Unterlagen vollständig vorlegen. Falls es zu einer Verfahrenseröffnung kommt und der Schuldner einen Antrag auf Erlass seiner Schulden gestellt hat, kann ihm nämlich bei fehlender Mitwirkung im Vorfeld der Insolvenz die Restschuldbefreiung versagt werden.

IV. Was passiert nach dem Insolvenzantrag?

Der Insolvenzantrag bringt viele Dinge in Bewegung. Zum einen ergehen eine Reihe von Beschlüssen. Zum anderen wird ein Gutachter oder im Fall der direkten Eröffnung des Insolvenzverfahrens nach dem Antrag ein Insolvenzverwalter auf Sie zukommen.

1. Das Insolvenzeröffnungsverfahren

Nach einem Insolvenzantrag beginnt das Insolvenzeröffnungsverfahren, das auch Insolvenzantragsverfahren genannt wird. Dieses kann ganz unterschiedlich ausgestaltet sein und zu verschiedenen Ergebnissen führen.

MÖGLICHKEIT 1: Der Sachverständige stellt in seinem Gutachten fest, dass pfändbares und ein die Verfahrenskosten deckendes Vermögen des Schuldners vorhanden ist (circa 2.000 bis 2.500 Euro) und regt daher an, das Insolvenzverfahren zu eröffnen. Das Insolvenzgericht eröffnet nun das Insolvenzverfahren durch Beschluss. Wenn der Schuldner selbst keinen Insolvenzantrag gestellt und keine Restschuldbefreiung beantragt hat, wird lediglich das gerichtliche Insolvenzverfahren OHNE das Restschuldbefreiungsverfahren durchgeführt. Eine Entschuldung findet dann NICHT statt. Im Ergebnis wird das pfändbare Vermögen des Schuldners verwertet, ohne dass der Schuldner am Ende von seinen Verbindlichkeiten befreit wird. Nach Durchführung des Insolvenzverfahrens können die Gläubiger wieder gegen den Schuldner vollstrecken. Dies ist für Sie als Schuldner der schlechteste Fall (worst case). Um dies zu verhindern, muss der Schuldner noch VOR Eröffnung des Insolvenzverfahrens einen eigenen Antrag auf Eröffnung des Insolvenzverfahrens UND einen Antrag auf Erteilung der Restschuldbefreiung stellen. Hierzu erhält er vom Gericht einen Hinweis mit einer Fristsetzung, die unbedingt einzuhalten ist. Um die Restschuldbefreiung zu erhalten, muss der Schuldner während des gesamten Verfahrenszeitraums die pfändbaren Bezüge an den Insolvenzverwalter beziehungsweise Treuhänder abtreten. Deswegen ist er verpflichtet, neben dem Antrag auf Restschuldbefreiung die Abtretung der pfändbaren Bezüge für den Verfahrenszeitraum (drei Jahre ab Eröffnung des Insolvenzverfahrens) zu erklären. Bei Verwendung der bereitgestellten Formulare findet sich die Möglichkeit zu einer entsprechenden Erklärung auf dem Formular selbst.

MÖGLICHKEIT 2: Der Sachverständige kann in seinem Gutachten aber auch zu dem Ergebnis kommen, dass der Schuldner kein pfändbares Vermögen besitzt, das zu einer Deckung der Verfahrenskosten führt (der Schuldner ist also mittellos oder hat ein pfändbares Vermögen von weniger als 2.000 Euro). In diesem Fall wird das Insolvenzgericht den Insolvenzantrag mangels einer die Verfahrenskosten deckenden Masse abweisen. Danach können die Gläubiger wieder vollstrecken. In wenigen Fällen nutzen Gläubiger aber die Möglichkeit, selbst einen Verfahrenskostenvorschuss zu leisten, damit das Verfahren gegen den Schuldner eröffnet wird. Der Gläubiger erhofft sich davon, dass der Insolvenzverwalter nach der Eröffnung etwaige Vermögensverschiebungen des Schuldners im Vorfeld der Insolvenz aufdeckt und rückgängig macht. So möchte der Gläubiger doch noch einen Teil seiner Forderungen realisiert bekommen. Es gibt auch Gläubiger, die den Insolvenzantrag stellen, um Druck auf den Schuldner auszuüben. Teilweise geschieht dies auch aus sachfremden Erwägungen, zum Beispiel um bessere Vertragskonditionen oder eine für den Gläubiger vorteilhafte Einigung in einem teuren Rechtsstreit zu erzwingen. Es sollen auch schon Ehescheidungen mittels Insolvenzantrag erzwungen worden sein. Dem können Sie natürlich entgegentreten.

2. Die Fragen des Gutachters oder Insolvenzverwalters

Die Aufgaben des Insolvenzverwalters sind vielfältig und viele seiner Aktivitäten werden Sie gar nicht mitgekommen. Eines ist aber sicher: Der Insolvenzverwalter kann und wird Ihnen jede Menge Fragen zu Ihren Vermögensverhältnissen stellen. Diese Fragen müssen Sie WAHRHEITSGEMÄSS BEANTWORTEN. Wenn Sie dies nicht machen, kann Ihnen eine Befreiung von Ihren Schulden verweigert werden. Dieser Vorgang wird VERSAGUNG DER RESTSCHULDBEFREIUNG genannt.

Auch dem gerichtlich bestellten Gutachter müssen Sie Fragen beantworten. Allerdings sind Sie nicht verpflichtet, dem Gutachter eine Vollmacht zur Einholung aller Auskünfte bei Dritten, wie Banken, Finanzämtern etc. zu erteilen. In der Praxis wird diese Vollmacht von Ihnen stets erbeten. Ein Anspruch hat der Gutachter hierauf nicht. Sie vermeiden allerdings Aufwand, weil der Gutachter dann notwendigerweise Ihnen selbst mehr Fragen stellen wird.

TIPP:
Bei Angaben auf Formularen und gegenüber den durch das Gericht ernannten Personen ist HÖCHSTE SORGFALT geboten. Unklare Fragen sollten Sie markieren und so gut es geht mit entsprechenden Vermerken wie („circa." „ungefähr" „soweit bekannt" etc.) beantworten. Sie müssen zahlreiche Erklärungen abgeben und deren Richtigkeit sowie Vollständigkeit versichern. Zugleich treten Sie mit den Formularen die pfändbaren Anteile an einem Arbeitseinkommen für den Zeitraum des Entschuldungsverfahrens ab.

3. Die Beschlüsse

Wenn die Anträge bei dem zuständigen Insolvenzgericht gestellt sind, wird das Gericht einen Beschluss erlassen, dessen Inhalt unterschiedlich ausfallen kann. Drei Varianten sind in der Praxis üblich:

a) Das INSOLVENZVERFAHREN wird ERÖFFNET und ein INSOLVENZVERWALTER bestellt,
b) ein GUTACHTER WIRD bestellt,
c) ein GUTACHTER und personenidentischer VORLÄUFIGER INSOLVENZVERWALTER werden bestellt.

Bestellen meint in diesem Fall ernennen. Bei der Variante a) ist für das Gericht „alles klar", insbesondere, ob der Schuldner zahlungsunfähig ist und das Vermögen ausreicht, um die Verfahrenskosten zu decken. Bei Variante b) ist gerade dies zweifelhaft und bei Variante c) ist zudem Vermögen des Schuldners vorläufig zu sichern. In der Praxis sind dies vor allem laufende Geschäftsbetriebe, auch wenn diese Verluste erwirtschaften. Das DIREKT ERÖFFNETE INSOLVENZVERFAHREN nach Variante a) ist BEI PRIVATINSOLVENZEN DIE REGEL, wenn der Schuldner Verbraucher oder ehemaliger Geschäftsführer ist. Alle drei Varianten sind kein Grund zur Beunruhigung. In sämtlichen Fällen erhält der Schuldner Post von einem Rechtsanwalt, Wirtschaftsprüfer oder Steuerberater, also solchen Personen, bei denen etwas dafürspricht, dass sie in der Lage sind, das Amt des Insolvenzverwalters auszuüben. Das Insolvenzgericht erlässt einen entsprechenden Beschluss, aus dem diese Informationen hervorgehen. Im Fall eines VERBRAUCHERINSOLVENZVERFAHRENS kann der Beschluss wie folgt aussehen:

– Ausfertigung –

52 IK 165/21

Wappen

Amtsgericht A-Stadt Beschluss

Über das Vermögen

der Maxima Mustermann, geboren am 17.12.1980, Musterstraße 7, 50555 A-Stadt

wird wegen Zahlungsunfähigkeit heute, am 19.3.2021 um 12:00 Uhr das Insolvenzverfahren eröffnet.

Die Eröffnung erfolgt aufgrund des am 20.2.2021 bei Gericht eingegangenen Antrags der Schuldnerin.

Zur Insolvenzverwalterin wird ernannt Rechtsanwältin Dr. Cornelia Schlau, Schlausteingasse 4, 50555 A-Stadt, Telefon: Fax:

Forderungen der Insolvenzgläubiger sind bis zum 30.4.2021 unter Beachtung des § 174 InsO bei der Insolvenzverwalterin anzumelden. Die Gläubiger werden aufgefordert, der Insolvenzverwalterin unverzüglich mitzuteilen, welche Sicherungsrechte sie an beweglichen Sachen oder an Rechten der Schuldnerin in Anspruch nehmen. Der Gegenstand, an dem das Sicherungsrecht beansprucht wird, die Art und der Entstehungsgrund des Sicherungsrechts sowie die gesicherte Forderung sind zu bezeichnen. Wer diese Mitteilungen schuldhaft unterlässt oder verzögert, haftet für den daraus entstehenden Schaden (§ 28 Absatz 2 InsO).

Wer Verpflichtungen gegenüber der Schuldnerin hat, wird aufgefordert, nicht mehr an diese zu leisten, sondern nur noch an die Insolvenzverwalterin.

Auf die Durchführung eines Berichtstermins wird gemäß § 29 Absatz 2 Satz 2 InsO verzichtet.

Stichtag, der dem Prüfungstermin (§§ 29, 156, 176 InsO) entspricht, ist

der 26.5.2021.

Dieser Termin entspricht zugleich dem Termin der ersten Gläubigerversammlung. Bis zu diesem Zeitpunkt können die Gläubiger schriftliche Stellungnahmen bei Gericht einreichen

zur Person der Insolvenzverwalterin,

zur Einsetzung, Besetzung und Beibehaltung des Gläubigerausschusses (§ 68 InsO),

zur Hinterlegungsstelle und zu den Bedingungen zur Anlage und Hinterlegung von Geld, Wertpapieren und Kostbarkeiten (§ 149 InsO),

zur Zwischenrechnungslegung gegenüber der Gläubigerversammlung (§ 66 Absatz 3 InsO),

zur Entscheidung über den Fortgang des Verfahrens (§ 157 InsO).

Die Tabelle mit den Forderungen und die Anmeldeunterlagen werden spätestens ab dem 10.5.2021 zur Einsicht der Beteiligten auf der Geschäftsstelle des Amtsgerichts A-Stadt, Gerichtsstraße 1, 50557 A-Stadt, Zimmer Nr. 007 niedergelegt.

Ein schriftlicher Widerspruch, mit dem ein Beteiligter eine Forderung bestreitet, muss spätestens am Prüfungsstichtag bei Gericht eingehen. Im Widerspruch ist anzugeben, ob die Forderung nach ihrem Grund, ihrem Betrag oder ihrem Rang bestritten wird.

Haben Gläubiger vorgetragen, die Forderung stamme aus einer vorsätzlich begangenen unerlaubten Handlung der Schuldnerin, aus einer vorsätzlich pflichtwidrigen Verletzung einer gesetzlichen Unterhaltspflicht oder einer Steuerstraftat des Schuldners nach §§ 370, 373 oder § 384 der Abgabenordnung, so hat die Schuldnerin im Widerspruch zusätzlich anzugeben, ob sie diesen Vortrag bestreitet.

Die Insolvenzverwalterin wird beauftragt, die nach § 30 Absatz 2 InsO zu bewirkenden Zustellungen an die Schuldner der Schuldnerin (Drittschuldner) sowie an die Gläubiger durchzuführen (§ 8 Absatz 3 InsO).

Die im elektronischen Informations- und Kommunikationssystem erfolgten Veröffentlichungen von Daten aus diesem Insolvenzverfahren einschließlich des Eröffnungsverfahrens werden spätestens sechs Monate nach der Aufhebung oder der Rechtskraft der Einstellung des Insolvenzverfahrens gelöscht.

Veröffentlichungen im Restschuldbefreiungsverfahren einschließlich des Beschlusses nach § 289 InsO werden spätestens sechs Monate nach Rechtskraft der Entscheidung über die Restschuldbefreiung gelöscht. Sonstige Veröffentlichungen nach der Insolvenzordnung werden einen Monat nach dem ersten Tag der Veröffentlichung gelöscht.

RECHTSMITTELBELEHRUNG:
Gegen diesen Beschluss steht dem Schuldner das Rechtsmittel der sofortigen Beschwerde gemäß § 34 Absatz 2 InsO zu. Die sofortige Beschwerde ist bei dem Amtsgericht A-Stadt, Gerichtsstraße 1, 50557 A-Stadt, schriftlich in deutscher Sprache oder zur Niederschrift der Geschäftsstelle einzulegen. Die Beschwerde kann auch zur Niederschrift der Geschäftsstelle eines jeden Amtsgerichts erklärt werden.

Die sofortige Beschwerde muss innerhalb von zwei Wochen bei dem Amtsgericht A-Stadt eingegangen sein. Dies gilt auch dann, wenn die Beschwerde zur Niederschrift der Geschäftsstelle eines anderen Amtsgerichtes abgegeben wurde.

Die Frist beginnt mit der Verkündung der Entscheidung oder, wenn diese nicht verkündet wird, mit deren Zustellung. Zum Nachweis der Zustellung genügt auch die öffentliche Bekanntmachung. Diese gilt als bewirkt, sobald nach dem Tag der unter http://www.insolvenzbekanntmachungen.de/ erfolgten Veröffentlichung zwei weitere Tage verstrichen sind. Maßgeblich für den Beginn der Beschwerdefrist ist der frühere Zeitpunkt.

Die sofortige Beschwerde muss die Bezeichnung des angefochtenen Beschlusses sowie die Erklärung enthalten, dass sofortige Beschwerde gegen diesen Beschluss eingelegt wird. Sie soll begründet werden.

52 IK 165/21, Amtsgericht A-Stadt, 19.3.2021

TIPP:
Heben Sie den Eröffnungsbeschluss gut auf. Wenn nach Eröffnung des Insolvenzverfahrens der Gerichtsvollzieher vorbeikommt, informieren Sie ihn über Ihr Insolvenzverfahren und zeigen Sie den Eröffnungsbeschluss. Er weiß dann, dass Vollstreckungsmaßnahmen nicht mehr zulässig sind, und wird Sie während des Verfahrens nicht mehr behelligen.

Das Insolvenzgericht schickt Ihnen sämtliche Beschlüsse zu. Der wichtigste Beschluss ist derjenige über die Eröffnung des Insolvenzverfahrens, der sogenannte ERÖFFNUNGSBESCHLUSS. Das vorstehende Beispiel ist „der Klassiker" in einem Verfahren, wie es tausendfach in Deutschland vorkommt. Es zeigt Ihnen zugleich die Grundstruktur sämtlicher Beschlüsse in dem Verfahren.

Die Beschlüsse des Gerichts enthalten oben links immer das GERICHTLICHE AKTENZEICHEN Ihres Verfahrens. Geben Sie dieses Aktenzeichen immer an, wenn Sie in Ihrem Insolvenzverfahren an das Gericht, den

Insolvenzverwalter oder einen Dritten schreiben. Sie finden dann das Wappen des jeweiligen Bundeslandes, in dem das Insolvenzgericht liegt, sowie die Bezeichnung des Gerichts. In Deutschland ist das Insolvenzgericht (noch) immer ein Amtsgericht.

Im Beschluss steht immer das Datum der Eröffnung des Insolvenzverfahrens. Rechnen Sie jetzt noch drei Jahre hinzu. Danach sind Sie entschuldet, soweit nicht die Voraussetzungen für die Versagung der Restschuldbefreiung oder deren frühere Erteilung auf Antrag vorliegen.

Im Beschluss wird gleichzeitig Ihr Insolvenzverwalter ernannt. Dieser wird Sie in der Regel unmittelbar nach Verfahrenseröffnung anschreiben und Sie zu einem Gespräch laden. Zu diesem Treffen sollten Sie in jedem Fall erscheinen. Es ist eine Ihrer Mitwirkungspflichten im Insolvenzverfahren. Dieser Beschluss ergeht nicht nur an Sie (im Beschluss und im weiteren Verlauf werden Sie jetzt als Schuldner bezeichnet), sondern wird auch im Internet (www.insolvenzbekanntmachungen.de) veröffentlicht. Die Insolvenzgläubiger (also diejenigen, die zum Zeitpunkt der Verfahrenseröffnung Forderungen gegen Sie haben) werden aufgefordert, ihre Ansprüche beim Insolvenzverwalter anzumelden.

Im Beschluss wird ein sogenannter Prüfungstermin festgelegt. Dort werden die Forderungen der Insolvenzgläubiger geprüft. Im Verbraucherinsolvenzverfahren findet das in der Regel schriftlich statt. Eine Gläubigerversammlung findet regelmäßig vorerst nicht statt.

Falls der Schuldner selbst noch Ansprüche gegen Dritte hat, dürfen diese nur noch an den Insolvenzverwalter geleistet werden (zum Beispiel Steuererstattungsansprüche). Hier drückt sich aus, dass die Verwaltungs- und Verfügungsbefugnis über das Vermögen des Schuldners mit Verfahrenseröffnung auf den Insolvenzverwalter übergeht.

Seit einer Reform der Zivilprozessordnung enthalten die Beschlüsse des Gerichts immer eine Rechtsmittelbelehrung.

Wird das Insolvenzverfahren nicht als Verbraucherinsolvenzverfahren eröffnet, sondern als REGELINSOLVENZVERFAHREN, dann sieht der Beschluss in der Regel aus wie folgt:

– Ausfertigung –

526 IN 213/19

Wappen

Amtsgericht A-Stadt Beschluss

Über das Vermögen

des Max Mustermann, geboren am 17.7.1985, Pleitestraße 4, 50500 A-Stadt

wird wegen Zahlungsunfähigkeit heute, am 3.12.2021, um 12:45 Uhr das Insolvenzverfahren eröffnet.

Die Eröffnung erfolgt aufgrund des am 21.11.2021 bei Gericht eingegangenen Antrags des Schuldners.

Zum Insolvenzverwalter wird ernannt Rechtsanwalt Gerd Geld, Hauptstraße 1, 5000 A-Stadt, Telefon: Fax:

Forderungen der Insolvenzgläubiger sind bis zum 30.1.2022 unter Beachtung des § 174 InsO beim Insolvenzverwalter anzumelden. Die Gläubiger werden aufgefordert, dem Insolvenzverwalter unverzüglich mitzuteilen, welche Sicherungsrechte sie an beweglichen Sachen oder an Rechten des Schuldners in Anspruch nehmen. Der Gegenstand, an dem das Sicherungsrecht beansprucht wird, die Art und der Entstehungsgrund des Sicherungsrechts sowie die gesicherte Forderung sind zu bezeichnen. Wer diese Mitteilungen schuldhaft unterlässt oder verzögert, haftet für den daraus entstehenden Schaden (§ 28 Absatz 2 InsO).

Wer Verpflichtungen gegenüber dem Schuldner hat, wird aufgefordert, nicht mehr an diesen zu leisten, sondern nur noch an den Insolvenzverwalter.

Termin zur Gläubigerversammlung, in der auf der Grundlage eines Berichts des Insolvenzverwalters über den Fortgang des Verfahrens beschlossen wird (Berichtstermin), und Termin zur Prüfung der angemeldeten Forderungen (Prüfungstermin) ist am

MITTWOCH, 4.3.2022, 10:00 UHR,

im Gebäude des Amtsgericht A-Stadt, Gerichtsstraße 1, 50557 A-Stadt, Zimmer Nr. 007

Der Termin dient zugleich zur Beschlussfassung der Gläubiger über

die Person des Insolvenzverwalters,

die Zahlung von Unterhalt aus der Insolvenzmasse (§§ 100, 101 InsO),

und unter Umständen zur Anhörung über eine Verfahrenseinstellung mangels Masse (§ 207 InsO).

Nimmt an der Gläubigerversammlung kein stimmberechtigter Gläubiger teil (Beschlussunfähigkeit), so gilt die Zustimmung zu besonders bedeutsamen Rechtshandlungen des Insolvenzverwalters als erteilt (§ 160 Absatz 1 Satz 3 InsO).

Die Tabelle mit den Forderungen und die Anmeldungsunterlagen werden spätestens ab dem 19.2.2022 zur Einsicht der Beteiligten auf der Geschäftsstelle Amtsgericht A-Stadt, Gerichtsstraße 1, 50557 A-Stadt, Zimmer Nr. 007, niedergelegt.

Gläubiger nicht bestrittener Forderungen werden nicht über die Feststellung ihrer Forderungen benachrichtigt und erhalten auch keinen Tabellenauszug (§ 179 Absatz 3 Satz 3 InsO).

Der Insolvenzverwalter wird beauftragt, die nach § 30 Absatz 2 InsO zu bewirkenden Zustellungen an die Schuldner der Schuldnerin (Drittschuldner) sowie an die Gläubiger durchzuführen (§ 8 Absatz 3 InsO).

RECHTSMITTELBELEHRUNG:
Gegen diesen Beschluss steht dem Schuldner das Rechtsmittel der sofortigen Beschwerde gemäß § 34 Absatz 2 InsO zu. Die sofortige Beschwerde ist bei dem Amtsgericht A-Stadt, Gerichtsstraße 1, 50557 A-Stadt, Zimmer Nr. 007, schriftlich in deutscher Sprache oder zur Niederschrift der Geschäftsstelle einzulegen. Die Beschwerde kann auch zur Niederschrift der Geschäftsstelle eines jeden Amtsgerichtes erklärt werden.

Die sofortige Beschwerde muss innerhalb von zwei Wochen bei dem Amtsgericht A-Stadt eingegangen sein. Dies gilt auch dann, wenn die Beschwerde zur Niederschrift der Geschäftsstelle eines anderen Amtsgerichtes abgegeben wurde.

Die Frist beginnt mit der Verkündung der Entscheidung oder, wenn diese nicht verkündet wird, mit deren Zustellung. Zum Nachweis der Zustellung genügt auch die öffentliche Bekanntmachung. Diese gilt als bewirkt, sobald nach dem Tag der unter http://www.insolvenzbekanntmachungen.de/ erfolgten Veröffentlichung zwei weitere Tage verstrichen sind. Maßgeblich für den Beginn der Beschwerdefrist ist der frühere Zeitpunkt.

Die sofortige Beschwerde muss die Bezeichnung des angefochtenen Beschlusses sowie die Erklärung enthalten, dass sofortige Beschwerde gegen diesen Beschluss eingelegt wird. Sie soll begründet werden.

526 IN 213/21

Amtsgericht A-Stadt, 3.12.2021

Auch bei diesem Beschluss finden Sie oben links das Aktenzeichen. Wie Sie ersehen können, lautet die Buchstabenkombination im Aktenzeichen nicht IK (wie bei Verbraucherinsolvenzverfahren), sondern IN. Hier wird deutlich, dass es sich um ein sogenanntes Regelinsolvenzverfahren handelt. Der Schuldner war also einmal selbstständig oder ist derzeit weiterhin selbstständig tätig.

Der wohl wichtigste Unterschied zum Verbraucherinsolvenzverfahren ist der Prüfungs- und Berichtstermin. In der Regel finden beide Termine im Rahmen einer mündlichen Verhandlung statt, zu dem die Gläubiger, der Insolvenzverwalter und auch Sie als Schuldner in die Räume des Insolvenzgerichts geladen werden. Diesen Termin sollten Sie in jedem Fall wahrnehmen. Hier haben Sie die Möglichkeit, sich über Ihr Insolvenzverfahren zu informieren und selbst Fragen zu stellen. Auch können Sie der Anmeldung von Forderungen aus solcher aus unerlaubter Handlung widersprechen. Der Widerspruch richtet sich gegen die Feststellung der Forderung mit dieser Eigenschaft, also nicht gegen die Forderung nach Grund und Höhe. Selbstverständlich können Sie auch Forderungen widersprechen, die Sie nach Grund und Höhe für nicht berechtigt halten. In der Regel wird der Prüfungstermin mit dem sogenannten Berichtstermin verbunden. In diesem Termin wird der Insolvenzverwalter über den Stand des Verfahrens und die Befriedigungsmöglichkeiten der

Gläubiger berichten. Hierzu wird er mitteilen, was er bisher als pfändbares Vermögen des Schuldners verwertet hat (zum Beispiel mögliche Sparguthaben, einen wertvollen Pkw oder andere Gegenstände). Weiterhin stimmen die Gläubiger ab, wer Insolvenzverwalter sein soll. In der Regel ist das derjenige, der bisher schon vom Insolvenzgericht bestellt war. Ein Beschluss über die Zahlung von Unterhalt aus der Insolvenzmasse spielt keine große Rolle; er wird regelmäßig nicht gewährt.

Sehr wichtig ist für Sie auch der Beschluss über die Ankündigung der Restschuldbefreiung. Das Gericht teilt Ihnen mit, dass Ihr Antrag auf Erteilung der Restschuldbefreiung zulässig ist und Sie bei Erfüllung aller Pflichten die Restschuldbefreiung erhalten werden. Sie erinnern sich: Sie stellen nicht nur einen Insolvenzantrag, sondern auch einen Antrag auf Erteilung der Restschuldbefreiung. Der Beschluss über die Ankündigung der Restschuldbefreiung sieht in der Regel aus wie folgt:

– Ausfertigung –

526 IN 213/21

Wappen

Amtsgericht A-Stadt Beschluss

In dem Insolvenzverfahren über das Vermögen

des Max Mustermann, geboren am 17.7.1985, Pleitestraße 4, 50500 A-Stadt

ist der Antrag des Schuldners auf Erteilung der Restschuldbefreiung zulässig. Der Schuldner erlangt Restschuldbefreiung, wenn er den Obliegenheiten des §§ 295, 295a InsO nachkommt und die Voraussetzungen für eine Versagung nach den §§ 290, 297 bis 298 InsO nicht vorliegen.

RECHTSMITTELBELEHRUNG:
Gegen diesen Beschluss ist das Rechtsmittel der sofortigen Beschwerde nach §§ 287a Absatz 1 Satz 3, 4 InsO in Verbindung mit §§ 567 ff. ZPO gegeben. Beschwerdeberechtigt ist der Schuldner.

Die sofortige Beschwerde ist bei dem Amtsgericht A-Stadt, Gerichtsstraße 1, 50557 A-Stadt, Zimmer Nr. 007, schriftlich in deutscher Sprache oder zur Niederschrift der Geschäftsstelle einzulegen. Die Beschwerde kann auch zur Niederschrift der Geschäftsstelle eines jeden Amtsgerichts erklärt werden.

Die sofortige Beschwerde muss innerhalb von zwei Wochen bei dem Amtsgericht A-Stadt eingegangen sein. Dies gilt auch dann, wenn die Beschwerde zur Niederschrift der Geschäftsstelle eines anderen Amtsgerichts abgegeben wurde.

Die Frist beginnt mit der Verkündung der Entscheidung oder, wenn diese nicht verkündet wird, mit deren Zustellung. Zum Nachweis der Zustellung genügt auch die öffentliche Bekanntmachung. Diese gilt als bewirkt, sobald nach dem Tag der unter www.insolvenzbekanntmachungen.de erfolgten Veröffentlichung zwei weitere Tage verstrichen sind. Maßgeblich für den Beginn der Beschwerdefrist ist der frühere Zeitpunkt.

Die sofortige Beschwerde muss die Bezeichnung des angefochtenen Beschlusses sowie die Erklärung enthalten, dass sofortige Beschwerde gegen diesen Beschluss eingelegt wird. Sie soll begründet werden.

Die Einlegung ist auch durch Übertragung eines elektronischen Dokuments an die elektronische Poststelle des Gerichts möglich. Das elektronische Dokument muss für die Bearbeitung durch das Gericht geeignet und mit einer qualifizierten elektronischen Signatur der verantwortenden Person versehen sein oder von der verantwortenden Person signiert und auf einem sicheren Übermittlungsweg gemäß § 130a ZPO nach näherer Maßgabe der Verordnung über die technischen Rahmenbedingungen des elektronischen Rechtsverkehrs und über das besondere elektronische Behördenpostfach (BGBl. I, S. 3803) eingereicht werden. Weitere Informationen erhalten Sie auf der Internetseite www.justiz.de.

Dieser Beschluss über die Ankündigung der Restschuldbefreiung erfolgt in der Regel zeitgleich mit dem Eröffnungsbeschluss und ist sehr wichtig. Das Gericht nimmt eine Vorprüfung vor. Handlungsbedarf besteht für Schuldner, wenn das Gericht zu der Auffassung gelangt, der Antrag sei unzulässig. Das Gericht wird den Schuldner dann auffordern, den Antrag zurückzunehmen. Soweit er die Stundung der Verfahrenskosten beantragt hat, ergeht hierzu noch ein weiterer Beschluss.

Dass Insolvenzverfahren wird durch einen Aufhebungsbeschluss beendet. Aber Vorsicht! Mit diesem Beschluss endet zwar das Insolvenzverfahren, Sie werden aber nicht bereits hierdurch schuldenfrei. Die Aufhebung des Insolvenzverfahrens ändert lediglich Ihre Rechte und

Pflichten. Das ist auch wichtig, aber eben noch nicht das erstrebte Ziel. Der Beschluss sieht meist aus wie folgt:

– Ausfertigung –

72 IK 383/18

Wappen

Amtsgericht A-Stadt Beschluss

In dem Insolvenzverfahren über das Vermögen

des Anton M., Z-Str., A-Stadt,

Insolvenzverwalter: Dr. Akurat, B-Weg, A-Stadt,

wird das Verfahren mangels zu verteilender Masse ohne Schlussverteilung aufgehoben (§ 200 InsO analog).

A-Stadt, 20.1.2021 Amtsgericht

Rechtspflegerin

Der für Sie WICHTIGSTE BESCHLUSS ist derjenige über die Erteilung der Restschuldbefreiung und sieht regelmäßig aus wie folgt:

– Ausfertigung –

102 IK 337/21

Wappen

Amtsgericht A-Stadt Beschluss

In dem Verfahren zur Erteilung der Restschuldbefreiung der Marie M., X-Weg, A.

wird der Schuldnerin die Restschuldbefreiung erteilt (§ 300 InsO). Die Restschuldbefreiung wirkt gegen alle Insolvenzgläubiger, auch solche, die ihre Forderungen nicht angemeldet haben (§ 301, 38 InsO). Von der Restschuldbefreiung nicht erfasst werden die ausgenommenen Forderungen gemäß § 302 InsO.

Gründe

Die Dauer der Laufzeit der Abtretungserklärung ist am 21.9.2024 verstrichen. Anträge auf Versagung der Restschuldbefreiung wurden nicht gestellt. Der Schuldnerin war daher die Restschuldbefreiung antragsgemäß zu erteilen.

A-Stadt, 1.12.2024

Amtsgericht Rechtspfleger

Sie haben es (fast) geschafft. Mit diesem Beschluss ist Ihnen die Restschuldbefreiung erteilt worden. Mit der Rechtskraft dieses Beschlusses sind Sie schuldenfrei. In Verfahren, die ab dem 1.1.2021 beantragt werden, erhalten Sie den Beschluss schon DREI JAHRE nach der Eröffnung des Insolvenzverfahrens. Theoretisch ist es denkbar, dass sich ein Gläubiger, der die Versagung der Restschuldbefreiung beantragt hat, mit der sofortigen Beschwerde gegen den Beschluss wendet. Dann tritt Rechtskraft erst ein, wenn über die Beschwerde entschieden ist. In der Praxis kommt dies aber nicht häufig vor.

Das Insolvenzgericht stellt in seinem Beschluss klar, dass die Restschuldbefreiung auch gegenüber solchen Insolvenzgläubigern gilt, die ihre Forderungen nicht angemeldet haben. Gläubiger, deren Forderungen als solche aus vorsätzlich begangener UNERLAUBTER HANDLUNG (siehe hierzu Seite 119 ff.) festgestellt sind, können jetzt auch wieder in Ihr Vermögen vollstrecken. Dies war während des gesamten Insolvenzverfahrens nicht möglich. Das Amt des Insolvenzverwalters und gegebenenfalls Treuhänders endet. Pfändbare Beträge aus dem monatlichen Nettoeinkommen werden jetzt nicht mehr an die Insolvenzmasse abgeführt. Diese Beträge stehen Ihnen zu. Falls die Verfahrenskosten für das Insolvenzverfahren gestundet wurden und keine pfändbaren Beträge im Rahmen des Insolvenzverfahrens vereinnahmt worden sind (masseloses Verfahren), werden Sie jedoch bald nach Beendigung ein Schreiben von der Staatskasse erhalten. Sie werden jetzt aufgefordert, diese Kosten, die Ihnen ja nur für den Zeitraum des Insolvenzverfahrens gestundet wurden, zu zahlen. Hierzu im Detail Seite 39 ff.

V. Die Folgen des Insolvenzantrags und der Eröffnung des Insolvenzverfahrens

Der Insolvenzantrag und noch viel mehr die Eröffnung des Insolvenzverfahrens haben weitreichende Folgen, die im 3. Kapitel (Seite 70 ff.) ausführlich dargestellt werden. Antrag und Eröffnung begründen auch besondere Pflichten des Schuldners, die zur Erlangung der Restschuldbefreiung notwendig sind und im 4. Kapitel (Seite 113 ff.) erläutert werden. Das Entschuldungsverfahren insgesamt verfügt über eine komplexe Struktur und wird zusammen mit zahlreichen Abkürzungsmöglichkeiten auf dem Weg zur Entschuldung und besonderen Verfahrensarten im 2. Kapitel schematisch und im Detail erläutert. Ein paar wichtige Auswirkungen von Antrag und Eröffnung sollen nachstehend schon einmal kurz skizziert werden.

Der Insolvenzantrag stellt die erste wichtige Zäsur – einfacher: Grenze – dar. Ab diesem Zeitpunkt kann Ihr Vermieter das Mietverhältnis nicht mehr wegen Mietzinsrückständen kündigen, die vor dem Antrag aufgelaufen sind, seien sie auch noch so hoch (SONDERKÜNDIGUNGSSCHUTZ § 112 InsO, Details auf Seite 88 f.).

Je nach Verfahrensart kann entweder der vorläufige Insolvenzverwalter oder der Schuldner selbst direkt mit dem Insolvenzantrag oder auch danach beantragen, dass das Gericht Maßnahmen der Zwangsvollstreckung durch einen Beschluss untersagt. So können bereits ab dem Insolvenzantrag, aber noch vor Eröffnung des Insolvenzverfahrens Maßnahmen wie zum Beispiel Kontopfändungen, Vollstreckungen durch Gerichtsvollzieher einschließlich der Aufforderung zur Abgabe einer Vermögensauskunft etc. verhindert werden. Ab Eröffnung des Insolvenzverfahrens sind Vollstreckungsmaßnahmen von Gesetzes wegen unzulässig. Für den Zeitraum zwischen dem Antrag und der Eröffnung kann mit diesem Sicherungsbeschluss vermieden werden, dass Gläubiger noch kurz vor Eröffnung in das Vermögen des Schuldners eingreifen. So werden auch Sanierungschancen erhalten.

Nach Abschluss der Prüfungsarbeiten des Gutachters und Berichterstattung gegenüber dem Insolvenzgericht oder eben unmittelbar erfolgt die Eröffnung des Insolvenzverfahrens durch einen Beschluss des Insolvenzgerichts; die zweite, noch wichtigere ZÄSUR.

Alle Verbindlichkeiten, die vor diesem Zeitpunkt begründet wurden, sind bloße INSOLVENZFORDERUNGEN, von denen der Schuldner am Ende des Verfahrens befreit wird. Alle danach durch den Schuldner begründeten Verbindlichkeiten sind NEUVERBINDLICHKEITEN, von denen der Schuldner nicht befreit wird. Begründet der Insolvenzverwalter Verbindlichkeiten, nennt man diese MASSEVERBINDLICHKEITEN. Der Insolvenzverwalter kann also auch Verbindlichkeiten begründen, nämlich zu Lasten des von ihm verwalteten Sondervermögens, der sogenannten Insolvenzmasse. Die Insolvenzmasse setzt sich aus dem verwertbaren Vermögen des Schuldners zusammen. Zum Beispiel kann es erforderlich sein, dass der Insolvenzverwalter Steuererklärungen durch einen Steuerberater erstellen lässt. Diese Rechnung muss dann aus der Insolvenzmasse bezahlt werden. Verkauft der Insolvenzverwalter beispielsweise ein dem Schuldner gehörendes Grundstück als Teil der Insolvenzmasse, dann sind die damit verbundenen Kosten auch aus der Insolvenzmasse zu bezahlen. Es gibt zahlreiche weitere Beispiele für diese Masseverbindlichkeiten, die der Insolvenzverwalter 1:1, also in voller Höhe aus der Masse zahlen muss. Die Abgrenzung zu Insolvenzforderungen, die nur anteilig in Höhe der sogenannten Insolvenzquote zu zahlen sind, ist schwierig und zum Glück Aufgabe des Insolvenzverwalters.

Ab dem Zeitpunkt der Eröffnung beginnt die Verwertung des Vermögens des Schuldners und die Rückgängigmachung etwaiger Vermögensverschiebungen im Vorfeld des Insolvenzverfahrens. Die Gläubiger melden ihre Forderungen beim Insolvenzverwalter an, der diese nach Grund und Höhe in einer Übersicht erfasst, die sogenannte Insolvenztabelle. Diese ist später Grundlage dafür, welcher Gläubiger welchen Anteil aus dem Vermögen des Schuldners erhält.

Und noch etwas Wichtiges passiert in diesem Zeitpunkt. Das Insolvenzgericht trifft eine Entscheidung darüber, ob der Antrag auf Erteilung der Restschuldbefreiung zulässig ist. Diese Entscheidung ergeht von Amts wegen durch einen Gerichtsbeschluss (siehe Seite 31). Vor allem aber kündigt der Beschluss die Restschuldbefreiung an.

Im Rahmen der häufig schriftlich stattfindenden Gläubigerversammlungen berichtet der Insolvenzverwalter über die Entwicklung des Verfahrens. In der Versammlung, dem sogenannten BERICHTS- UND PRÜFUNGSTERMIN, werden auch die Forderungsanmeldungen durch das Gericht nach dem Ergebnis der Vorprüfung durch den Insolvenzverwalter zur Insolvenztabelle festgestellt. Schuldner und konkurrierende Gläubiger können einzelnen Forderungen widersprechen.

Ist Ihr Vermögen verwertet und die Verteilung an die Gläubiger erfolgt, wird das Insolvenzverfahren aufgehoben.

Tipp:
Nehmen Sie als Schuldner unbedingt an den Gläubigerversammlungen Teil oder lassen Sie sich anwaltlich vertreten. So können Sie zu möglichen Anträgen, Ihnen die Restschuldbefreiung zu versagen, Stellung nehmen und der Anmeldung einer Forderung als solche aus unerlaubter Handlung widersprechen. Dies ist wichtig, da die Forderung ohne Widerspruch des Schuldners als solche aus unerlaubter Handlung festgestellt wird, was dazu führt, dass sie von der Restschuldbefreiung ausgenommen ist. Auch hilft die Anwesenheit des Schuldners Missverständnisse aufzuklären und überflüssige Anträge zu vermeiden.

Seit einigen Jahren finden Gläubigerversammlungen in der Regel nur SCHRIFTLICH statt. Hat ein Gläubiger eine Deliktsforderung angemeldet und müssen Sie Widerspruch erheben, dann werden Sie auf diesen Umstand in dem gerichtlichen Schreiben hingewiesen. In dem Schreiben wird auch eine Frist genannt, bis zu der Sie Widerspruch einlegen können. Gefahr besteht vor allem bei nachträglichen Prüfungsterminen, wenn also Gläubiger Forderungen nach dem ersten Termin nachmelden und diese dann geprüft werden müssen. Auch ist es Praxis, nach der ersten Versammlung die Folgetermine nur noch schriftlich abzuhalten.

Aufgrund der Covid-19-Pandemie ist damit zu rechnen, dass in Privatinsolvenzverfahren noch häufiger ein schriftliches Verfahren durchgeführt wird.

TIPP:
Lesen Sie JEDES SCHREIBEN des Insolvenzgerichts immer SEHR AUFMERKSAM und beachten Sie die Hinweise.

Bildlich dargestellt und vereinfacht dient das Insolvenzverfahren der Verwertung des Schuldnervermögens im Interesse der Gläubiger und das Restschuldbefreiungsverfahren der Entschuldung des Schuldners. Auch vermögensrechtlich ist dies nicht unbedeutend. Während des Insolvenzverfahrens fällt jeder Neuerwerb des Schuldners in die Insolvenzmasse. Also auch jeder Lottogewinn, jede Erbschaft oder jeder Gewinn aus selbstständiger Tätigkeit. Nach Aufhebung des Insolvenzverfahrens erhält der Schuldner das ihm verbliebene Vermögen zurück und neues Vermögen steht ihm zu. Grundsätzlich darf er alles für sich behalten. Nur seine pfändbaren Anteile am Arbeitseinkommen hat er für die Dauer von maximal drei Jahren (in Altfällen bis zu sechs Jahren) abgetreten. Ferner bestimmt § 295 InsO, wie sich der Schuldner verhalten muss, was er zum Beispiel abzugeben hat. § 287b regelt zudem eine Erwerbsobliegenheit des Schuldners. Mit Aufhebung des Insolvenzverfahrens endet das Amt des Insolvenzverwalters. Dieser wird dann zum Treuhänder im Rest-

TIPP:
Bewahren Sie den Beschluss über die Erteilung der Restschuldbefreiung sehr gut auf und fertigen Sie Kopien an. Mit diesem Beschluss können Sie künftige Klagen oder Vollstreckungsversuche der Gläubiger verhindern.

schuldbefreiungsverfahren ernannt, an den etwaige Beträge abzuführen sind und der die Verteilung vornimmt. Zu dieser seltsamen ZWEITEILUNG des ENTSCHULDUNGSVERFAHRENS, die nach neuem Recht immer weniger Anwendung finden wird, sogleich auf Seite 46 ff.

Die Restschuldbefreiung erhält der Schuldner durch einen Beschluss des Insolvenzgerichtes (siehe Seite 35 und Seite 46 ff.).

VI. Was kostet mich ein Insolvenzverfahren?

Wirtschaftlich betrachtet ist das Insolvenzverfahren für den Schuldner KOSTENLOS.

1. Das Insolvenzverfahren finanziert sich selbst

Der Schuldner muss ohnehin sein gesamtes Vermögen den Gläubigern zur Verfügung stellen. Etwaige Vermögensgegenstände werden verwertet und der Insolvenzverwalter sammelt die pfändbaren Anteile am Arbeitseinkommen auf einem gesonderten Konto. Das Insolvenzverfahren kostet den Schuldner damit einerseits sein GESAMTES PFÄNDBARES VERMÖGEN. Andererseits steht dieses Vermögen ohnehin den Gläubigern als Vollstreckungsobjekt zur Verfügung. Der Schuldner verliert nur dasjenige, was ohnehin dem Zugriff seiner Gläubiger ausgesetzt ist. Durch die Insolvenz zahlt der Schuldner also nicht etwa mehr an seine Gläubiger. Die Insolvenzmasse wird als erstes zum Ausgleich der Verfahrenskosten verwendet. Der Rest wird an die Gläubiger verteilt, die im Zweifel dann weniger als außerhalb der Insolvenz erhalten.

TIPP:
Hat das Finanzamt oder ein anderer Gläubiger bei Ihnen gepfändet oder haben Sie auf Druck von Gläubigern gezahlt, dann stellen Sie zügig einen Insolvenzantrag und teilen Sie dem Insolvenzverwalter den vorgenannten Umstand mit. Der Insolvenzverwalter kann das Geld durch die Insolvenzanfechtung in die Insolvenzmasse zurückholen. Und aus der Masse werden zuerst die Verfahrenskosten beglichen. So bezahlen im Ergebnis Ihre Gläubiger das Verfahren.

2. Deckung der Verfahrenskosten durch Massemehrung

Da die eingezogene Insolvenzmasse als erstes immer für den Ausgleich der Verfahrenskosten verwendet wird, hat der Schuldner ein Interesse daran, dass diese Masse angereichert wird, also möglichst viel Geld in die Insolvenzmasse gelangt. Denn dann muss er diese Kosten nicht selbst aufbringen oder auf eine Stundung zurückgreifen. Ein Schuldner sollte daher sorgfältig prüfen, welche Vermögensverschiebungen es in einem Zeitraum von drei Monaten vor seinem Insolvenzantrag gegeben hat. Er sollte dem Insolvenzverwalter insbesondere alle (Raten-)zahlungen an Gläubiger und deren – auch erfolglose – Vollstreckungsversuche mitteilen. Der Insolvenzverwalter kann Vermögensverschiebungen rückgängig machen, die bis zu zehn Jahre vor dem Insolvenzantrag erfolgt sind. Besonders leicht geht dies bei Verschiebungen, die innerhalb von drei Monaten vor dem Insolvenzantrag erfolgt sind. Der Insolvenzverwalter muss solche Möglichkeiten von Amts wegen prüfen, ist aber für jede Unterstützung dankbar. Ein Schuldner ist ohnehin verpflichtet, über mögliche Anfechtungsansprüche Auskunft zu geben und die Tatsachen hierzu mitzuteilen. Hat beispielsweise der Gerichtsvollzieher den Schuldner einen Monat vor dem Insolvenzantrag aufgesucht und 500 Euro aus der Barkasse gepfändet, kann der Insolvenzverwalter dies rückgängig machen.

3. Rettungsanker Verfahrenskostenstundung

Wenn der Schuldner gar kein Vermögen hat und auch während des Insolvenz- oder Restschuldbefreiungsverfahrens keines erwirbt, dann werden ihm die Verfahrenskosten durch das Gericht bis zur Erteilung der Restschuldbefreiung gestundet und bei fortgesetzter Vermögenslosigkeit de facto auch erlassen. Der Leser wundert sich über die Einschränkung de facto. Hintergrund ist auch hier eine an extremer Einzelfallgerechtigkeit orientierte, hoch komplexe Regelung, die in der Praxis kurzerhand so angewendet wird, dass der Schuldner nichts zahlen muss.

Ein Blick in die §§ 4a bis 4d InsO belegt eine komplizierte Regelung, die auch noch auf Vorschriften der Zivilprozessordnung verweist. Vereinfacht gesagt werden dem Schuldner die Kosten des Insolvenzverfahrens und des Restschuldbefreiungsverfahrens, das heißt alle Verfahrenskosten, bis zur Erteilung der Restschuldbefreiung gestundet. Dies bedeutet, dass der Schuldner die Kosten eigentlich irgendwann zahlen muss. Denn gestundet heißt nicht erlassen. Der Schuldner kann aber bei unverändert schlechter Vermögenslage eine Verlängerung der Stundung gemäß § 4b Absatz 1 InsO beantragen. Das Gericht kann – und muss – bei unverändert schlechter Vermögenslage die Stundung verlängern und gegebenenfalls monatliche Raten zur Teilrückzahlung festsetzen. Maximal sind 48 Raten zulässig. Die Höhe der Raten kann und ist auch oft mit null Euro bemessen. Sind nach 48 Monaten noch Kosten offen, müssen diese endgültig von der Staatskasse getragen werden. Diese Regelung ist sachgerecht. Durch eine Entschuldung werden zwar die Verbindlichkeiten des Schuldners beseitigt. Dies bedeutet aber nicht, dass er zwangsläufig über Geld verfügt, um die Verfahrenskosten abzutragen, also gewissermaßen einen Schuldenberg aus der Insolvenz. Das wäre kein echter wirtschaftlicher Neuanfang. Wirklich zahlen muss die Kosten nur, wer nach der Insolvenz plötzlich sehr zügig neues Vermögen erwirbt oder etwa einen höheren Verdienst erzielen kann.

DESHALB GILT:
Auch wer VÖLLIG VERMÖGENSLOS und VERARMT ist, kann durch den Weg der Verfahrenskostenstundung jederzeit einen Insolvenzantrag stellen und von seinen Schulden befreit werden.

4. Die Berechnung der Verfahrenskosten

Die konkrete Berechnung der Verfahrenskosten ist kompliziert geregelt. Dies liegt daran, dass das gesamte Verfahren zur Entschuldung natürlicher Personen aus mehreren Phasen und zwei kombinierten Gerichtsverfahren besteht, die unterschiedlich lang sein können und dies auch bei den Kosten eine Rolle spielt.

Der Einfluss des Umfangs der Insolvenzmasse auf die Höhe der Verfahrenskosten bedeutet, dass das Insolvenzgericht und der bestellte Insolvenzverwalter leer ausgehen würden, wenn keine pfändbaren Beträge infolge Vermögenslosigkeit des Schuldners eingezogen werden könnten. Um dies zu verhindern, hat der Gesetzgeber eine MINDESTVERFAHRENSGEBÜHR und eine MINDESTVERGÜTUNG vorgesehen, die das Insolvenzgericht und der Insolvenzverwalter für die Bearbeitung eines Insolvenzverfahrens beanspruchen können.

In vielen Privatinsolvenzverfahren ist KEINE MASSE vorhanden, sodass auch kein vorläufiger Insolvenzverwalter und kein Gutachter bestellt werden muss. Das Insolvenzverfahren wird direkt eröffnet. In solchen masselosen Verfahren sind für das gesamte Entschuldungsverfahren Kosten von 2.000 bis 2.500 Euro realistisch. Die Kosten hängen von so vielen Einzelfragen ab, dass eine genaue Angabe nicht gemacht werden kann und auch nicht sinnvoll ist. Schon die Anzahl der an dem Verfahren teilnehmenden Gläubiger beeinflusst die Höhe der Kosten. Auch gibt es Dinge wie Zu- und Abschläge auf die Vergütung. Insgesamt ist auch das Kostenrecht sehr stark an der Einzelfallgerechtigkeit orientiert, sodass auch zu diesem Teilrechtsgebiet eine Fülle an Gerichtsentscheidungen und Literatur genannt werden könnte.

Zusammenfassung:
Die Privatinsolvenz erfasst sowohl die Insolvenz von Verbrauchern als auch von selbstständigen Unternehmern. Sie ermöglicht durch eine Befreiung von sämtlichen Verbindlichkeiten jedem Schuldner einen echten wirtschaftlichen Neuanfang, der Restschuldbefreiung genannt wird. Die hiermit verbundene Befreiung von sämtlichen Schulden erfolgt durch einen Gerichtsbeschluss am Ende eines regelmäßig dreijährigen Verfahrens, das aus zwei Verfahren, dem Insolvenzverfahren und dem Restschuldbefreiungsverfahren, zusammengesetzt ist. Forderungen aus einer vorsätzlich begangenen unerlaubten Handlung und einige weitere besondere Forderungen werden von der Restschuldbefreiung nicht erfasst. Der Schuldner muss von der Antragstellung bis zum Abschluss des Verfahrens bestimmte Pflichten erfüllen. Handelt der Schuldner pflichtwidrig, kann das Gericht die Restschuldbefreiung auf Antrag eines

Gläubigers versagen. Die Kosten des Insolvenzverfahrens werden durch das Verfahren selbst finanziert oder für den nicht leistungsfähigen Schuldner von der Staatskasse getragen. Sowohl der Schuldner als auch dessen Gläubiger können eine Privatinsolvenz einleiten, in dem sie die Eröffnung eines Insolvenzverfahrens beantragen. Der Schuldner muss immer darauf achten, dass er neben dem Insolvenzantrag auch einen Antrag auf Eröffnung des Insolvenzverfahrens stellt. Die Entschuldung ist erreicht, wenn der Schuldner nach regelmäßig drei Gerichtsbeschlüssen den Beschluss über die Erteilung der Restschuldbefreiung in der Hand hält.

2 Die Struktur des Verfahrens – Von der Insolvenz zur Entschuldung

Das zweite Kapitel bespricht die Struktur der Privatinsolvenz, die im Kern aus einem Entschuldungsverfahren besteht, das sich aus zwei Verfahren, dem Insolvenzverfahren und dem der Restschuldbefreiung, zusammensetzt. Die verschiedenen Rechtslagen für vor dem 1.1.2021 und danach beantragte Privatinsolvenzen sowie die Abkürzungsmöglichkeiten des Insolvenzplans und besondere Verfahrensarten wie die Eigenverwaltung oder Sanierungsmoderation werden dargestellt und anhand von Grafiken erläutert. Werde ich durch eine Privatinsolvenz tatsächlich alle Verbindlichkeiten los und wie lange dauert das eigentlich in meinem Fall konkret? Ist eine EU-Auslandsinsolvenz gar der bessere Weg? Dieses Kapitel liefert die Antworten.

2. Die Struktur des Verfahrens – Von der Insolvenz zur Entschuldung

I. Wie lange dauert es, bis ich schuldenfrei bin? – Vom Insolvenzverfahren und Restschuldbefreiungsverfahren

Der Schuldner ist mit Beendigung des Insolvenzverfahrens (noch) NICHT schuldenfrei – anders zum Beispiel als in England. In Deutschland schließt sich an das Insolvenzverfahren zusätzlich das sogenannte Restschuldbefreiungsverfahren an, dass formaljuristisch ein eigenes Verfahren ist und parallel zum Insolvenzverfahren läuft.

1. Die Grundstruktur des Entschuldungsverfahren

Sie haben richtig gelesen. Tatsächlich laufen ZWEI VERFAHREN nebeneinander. Das INSOLVENZVERFAHREN und das RESTSCHULDBEFREIUNGSVERFAHREN. Diese Konstruktion ist historisch bedingt. Das Insolvenzverfahren, früher Konkursverfahren genannt, diente allein der Befriedigung der Forderungen der Gläubiger und war damit eine reine Gesamtvollstreckung. Eine Entschuldung für natürliche Personen gab es nicht. Mit Einführung der Insolvenz im Jahr 1999 wollte der Gesetzgeber dies ändern. Er setzte neben das Insolvenzverfahren für natürliche Personen noch das Restschuldbefreiungsverfahren. Juristische Personen können dieses Verfahren nicht nutzen. Sie können sich nur über einen Insolvenzplan entschulden oder werden abgewickelt. Damit gilt für natürliche Personen, dass grundsätzlich zwei Verfahren parallel laufen: das in den §§ 1 ff. InsO geregelte Insolvenzverfahren und das in den §§ 286 bis 303a InsO geregelte Restschuldbefreiungsverfahren. Demgegenüber ist das Verbraucherinsolvenzverfahren in den §§ 304 ff. InsO lediglich eine besondere Verfahrensart, wie auch die Insolvenz in Eigenverwaltung (§§ 270 ff. InsO, hierzu Seite 59). Jetzt wird Ihnen auch noch einmal klar, weshalb Sie zur Erreichung der Entschuldung mindestens ZWEI ANTRÄGE stellen. Sie initiieren zwei Verfahren parallel. Zu diesem Zweiklang der Verfahrensarten muss man Folgendes wissen:

- Das Insolvenzverfahren und das Restschuldbefreiungsverfahren laufen unabhängig voneinander.
- Das Insolvenzverfahren dient der Verwertung des Schuldnervermögens im Interesse der Gläubiger. Das Restschuldbefreiungsverfahren bezweckt die Befreiung des Schuldners von den durch das Schuldnervermögen nicht gedeckten Verbindlichkeiten. Also die Beseitigung aller „Rest“-Schulden.
- Beide Verfahren starten mit der Eröffnung des Insolvenzverfahrens.

- Beide Verfahren enden unabhängig voneinander.
- Idealtypisch endet das Insolvenzverfahren vor dem Restschuldbefreiungsverfahren. Dies war besonders in Altfällen die Regel.
- Die im Insolvenzverfahren beauftragte Person heißt Insolvenzverwalter.
- Endet das Insolvenzverfahren und wird nur noch das Restschuldbefreiungsverfahren bis zum Ende geführt, dann wird der Insolvenzverwalter ab dem Zeitpunkt der Aufhebung des Insolvenzverfahrens Treuhänder genannt. Tatsächlich ist der Insolvenzverwalter ab Eröffnung des Insolvenzverfahrens immer auch Treuhänder, wenn der Schuldner einen Restschuldbefreiungsantrag stellt.
- Die Zeit zwischen dem Ende des Insolvenzverfahrens und dem Ende des Restschuldbefreiungsverfahrens, also dem Beschluss über die Erteilung der Restschuldbefreiung, wird Wohlverhaltensperiode oder -phase genannt.

Sie können diese Konstruktion sehr gut am Wortlaut des § 287 Absatz 2 Satz 1 InsO ablesen:

§ 287 Absatz 2 Satz 1 InsO
Dem Antrag ist die Erklärung des Schuldners beizufügen, dass dieser seine pfändbaren Forderungen auf Bezüge aus einem Dienstverhältnis oder auf an deren Stelle tretende laufende Bezüge für den Zeitraum von drei Jahren nach der Eröffnung des Insolvenzverfahrens (Abtretungsfrist) an einen vom Gericht zu bestimmendem Treuhänder abtritt.

Stellt der Schuldner also einen Restschuldbefreiungsantrag, ist der Insolvenzverwalter ab Eröffnung des Insolvenzverfahrens immer auch Treuhänder. Gleichwohl nennt den Insolvenzverwalter kaum jemand Treuhänder. Dies hängt damit zusammen, dass nach Ansicht vieler Juristen die Abtretungserklärung erst dann Wirksamkeit entfaltet, wenn das Insolvenzverfahren aufgehoben ist. Bis zur Aufhebung unterliegen die abgetretenen Forderungen und Bezüge ohnehin dem Insolvenzbeschlag, soweit sie pfändbar sind. Sie werden als Neuerwerb bezeichnet. Dem kann entgegengehalten werden, dass die Abtretungsfrist ab Eröffnung des Insolvenzverfahrens läuft. § 288 InsO wiederum bestimmt ausdrücklich, dass der Treuhänder durch das Insolvenzgericht erst im Zeitpunkt der Aufhebung des Insolvenzverfahrens bestimmt wird. Das spricht dafür, dass der Treuhänder auch erst ab dieser Bestimmung „existiert". Dann hätte der Schuldner mit seinem Restschuldbefreiungsantrag aber Forderungen und Bezüge an jemanden abgetreten, den es noch gar nicht gibt. Dies sollte als eine der Kuriositäten des Insolvenzrechts hingenommen werden. Für die Praxis hat dies keine Bedeutung.

Viele Schuldner haben die SORGE, dass ein überlanges Insolvenzverfahren die Erteilung der Restschuldbefreiung nach hinten hinausschiebt, es also länger dauert, bis der Schuldner schuldenfrei ist. Eine Bummelei des Insolvenzverwalters oder Terminnot bei den Gerichten wird mit Sorge gesehen. Zu Unrecht: Nach DREI JAHREN ist der Schuldner SCHULDENFREI. Egal wie lange das Insolvenzverfahren dauert. Dauert das Insolvenzverfahren drei Jahre oder mehr, wird die Restschuldbefreiung nach drei Jahren sogar ohne die Wohlverhaltensperiode durch Beschluss erteilt. Auch der Neuerwerb steht trotz noch eröffnetem Insolvenzverfahren dem Schuldner zu. § 300a InsO regelt dies ausdrücklich. Es ist zudem im Jahr 2021 gerichtlich entschieden worden, dass Ihnen der Neuerwerb nach drei Jahren auch dann zusteht, wenn der Beschluss über die Erteilung der Restschuldbefreiung noch nicht ergangen oder nicht rechtskräftig ist. Es gilt: Drei Jahre sind drei Jahre.

Das für die Schuldenfreiheit maßgebliche Restschuldbefreiungsverfahren endet für ab dem 1.1.2021 beantragte Insolvenzverfahren regelmäßig nach DREI JAHREN. In ÄLTEREN VERFAHREN nach DREI, FÜNF oder SECHS JAHREN, je nachdem, wie viel Geld der Schuldner seinen Gläubigern zur Verfügung stellen kann. Wir haben also die schwer nachvollziehbare Situation von zwei parallel beginnenden Verfahren, von denen das Insolvenzverfahren das Restschuldbefreiungsverfahren bedingt, aber nicht umgekehrt. Sie können sogar schon schuldenfrei sein, obwohl das Insolvenzverfahren noch läuft. Denn in atypischen Verfahren dauert das Insolvenzverfahren länger als das Restschuldbefreiungsverfahren. Zum Beispiel kann die Verwertung eines Grundstücks länger als drei Jahre dauern oder es sind erst noch Rechtsstreitigkeiten bei Gericht gegen Gläubiger zu führen, zum Beispiel über die Pflicht, etwas an die Insolvenzmasse herauszugeben (Insolvenzanfechtung).

2. Die Rechtslage ab dem 1.1.2021

AB dem 1.1.2021 GILT: Drei Jahre nach Eröffnung des Insolvenzverfahrens entscheidet das Gericht über die Erteilung der Restschuldbefreiung (§§ 287 Absatz 2, 300 Absatz 1 InsO). Hat der Schuldner alle Obliegenheiten erfüllt, wird ihm die Restschuldbefreiung erteilt. Egal ob das Insolvenzverfahren dann abgeschlossen ist oder nicht.

3. Die Übergangsregelungen für Verfahren vor dem 1.1.2021

Für Verfahren VOR dem 1.1.2021 galt eine komplizierte Regelung, die auf Altfälle immer noch Anwendung findet: Ab Eröffnung des Insolvenzverfahrens dauert es grundsätzlich sechs Jahre, bis die Restschuldbefreiung erteilt wird, § 287 Absatz 2 InsO. § 300 InsO gibt dem Schuldner in allen ab dem 1.7.2014 beantragten Insolvenzverfahren die Möglichkeit, einen

Antrag auf VORZEITIGE ERTEILUNG zu stellen. Voraussetzung ist, dass der Schuldner die Verfahrenskosten bezahlt hat und entweder

- alle Insolvenzgläubiger befriedigt und alle Masseverbindlichkeiten berichtigt sind
  oder
- drei Jahre seit Eröffnung des Insolvenzverfahren abgelaufen sind und die von dem Insolvenzverwalter oder Treuhänder vereinnahmten Beträge ausreichen, um die Forderungen der Gläubiger in Höhe von 35 % zu befriedigen
  oder
- fünf Jahre seit Eröffnung des Insolvenzverfahrens vorbei sind.

In VOR dem 1.1.2021 eröffneten Insolvenzverfahren dauerte es sogar SECHS, häufig FÜNF und selten DREI JAHRE, bis die Restschuldbefreiung erteilt wurde. Die Dauer des Restschuldbefreiungsverfahrens hing davon ab, in welchem Umfang die Gläubiger befriedigt werden können. Dies ist für AB dem 1.1.2021 eröffnete Insolvenzverfahren zum Glück vorbei; jeder kann in drei Jahren schuldenfrei werden. Verfahrenstechnisch wird die Restschuldbefreiung durch einen Gerichtsbeschluss nach Anhörung der Gläubiger und des Treuhänders durch das Insolvenzgericht rückwirkend festgestellt. Tatsächlich kann es also – je nach Auslastung des Insolvenzgerichts – länger dauern, bis der Schuldner den ersehnten Gerichtsbeschluss über die Erteilung der Restschuldbefreiung in den Händen hält.

Für die ÜBERGANGSZEIT hat der Gesetzgeber ein kompliziertes Regelwerk geschaffen. Wie lange das Restschuldbefreiungsverfahren dauert, bis in Altfällen Schuldenfreiheit eintritt, hängt vom Zeitpunkt des Eingang Insolvenzantrags beim Insolvenzgericht ab. Hier gilt folgendes:

DATUM DES INSOLVENZANTRAGS	DAUER BIS ZUR ERTEILUNG DER RESTSCHULDBEFREIUNG
VOR dem 17.12.2019	6 Jahre
AB dem:	
17.12.2019	5 Jahre und 7 Monate
17.01.2020	5 Jahre und 6 Monate
17.02.2020	5 Jahre und 5 Monate
17.03.2020	5 Jahre und 4 Monate
17.04.2020	5 Jahre und 3 Monate
17.05.2020	5 Jahre und 2 Monate
17.06.2020	5 Jahre und 1 Monate
17.07.2020	5 Jahre
17.08.2020	4 Jahre und 11 Monate
17.09.2020 bis 30.09.2020	4 Jahre und 10 Monate
AB DEM 01.10.2020	3 JAHRE

Wichtig ist, dass bei allen Anträgen VOR dem 1.10.2020 eine Verkürzung auf FÜNF JAHRE MÖGLICH ist, wenn die Verfahrenskosten gezahlt werden können. Ferner ist bei allen Anträgen eine Verkürzung auf 3 JAHRE MÖGLICH, wenn die Verfahrenskosten gedeckt und eine Mindestquote für die Gläubiger in Höhe von 35 PROZENT erreicht wird.

Vereinfacht gesagt wurde für diejenigen Schuldner, die ihren Antrag nicht erst am 1.1.2021 stellen, eine Übergangsregelung geschaffen. Wer seinen Antrag in den Monaten Oktober, November und Dezember 2020 gestellt hat, soll ebenfalls in der neuen Regelentschuldungszeit von drei Jahren frei werden. Je weiter der Insolvenzantrag von der Gesetzesänderung weg ist, desto länger dauert es.

Nach altem wie nach neuem Recht kann das Verfahren durch Vorlage eines INSOLVENZPLANS ABGEKÜRZT werden (Details auf Seite 57 f.). Die Entschuldung kann binnen DREI MONATEN bis zu EINEM JAHR erfolgen. Dies hängt von den verfügbaren Terminen beim Insolvenzgericht ab.

Diese Möglichkeit der vorzeitigen Schuldenbefreiung setzt aber die Zustimmung der Gläubiger voraus. Zudem muss der Schuldner etwas mehr leisten, zum Beispiel Geld aus dem Kreis der Familie zur Verfügung stellen, um den Gläubigern die vorzeitige Restschuldbefreiung gewissermaßen abzukaufen.

Der Plan ist vereinfacht gesagt ein Vergleichsvertrag, der im Kern die Regelung enthält: Die Gläubiger erhalten eine bestimmte Quote auf ihre Forderung (zum Beispiel 12 Prozent) und verzichten auf den Rest. Dieser Verzicht führt nach Rechtskraft des Plans zu einer sofortigen Entschuldung. Der Insolvenzplan ist ein taugliches Mittel für alle Schuldner, die zumindest über etwas Geld verfügen, um den Gläubigern etwas anbieten zu können. Zudem müssen die Kosten für die Planerstellung berücksichtigt werden. Durch die Beauftragung spezialisierter Anwälte können Kosten vermieden werden. Insolvenzpläne haben vor allem dann Aussicht auf Erfolg, wenn den Gläubigern Beträge angeboten werden können, die bei der weiteren Durchführung des Insolvenzverfahrens nicht zur Verfügung stehen. So können von Verwandten oder Freunden gewährte Darlehen genutzt werden, um eine höhere Quote anzubieten. Zum Insolvenzplan im Einzelnen siehe Seite 57 f.

Die vorstehenden Ausführungen zeigen, dass das Entschuldungsverfahren in Deutschland vergleichsweise kompliziert geregelt ist und der Begriff Privatinsolvenz neben dem Insolvenzverfahren auch noch das Restschuldbefreiungsverfahren sowie den Insolvenzplan umfasst. Auf Ausnahmen und Detailregelungen haben wir im Interesse der Verständlichkeit zunächst verzichtet. Der Verfahrensablauf kann wie folgt dargestellt werden:

Das Entschuldungsverfahren besteht aus ZWEI UNTERSCHIEDLICHEN VERFAHREN, die gleichzeitig beginnen und beantragt werden müssen, aber zu völlig unterschiedlichen Zeitpunkten und auch gleichzeitig enden können. In der Regel dauert das Restschuldbefreiungsverfahren länger als das Insolvenzverfahren (Abbildung 1).

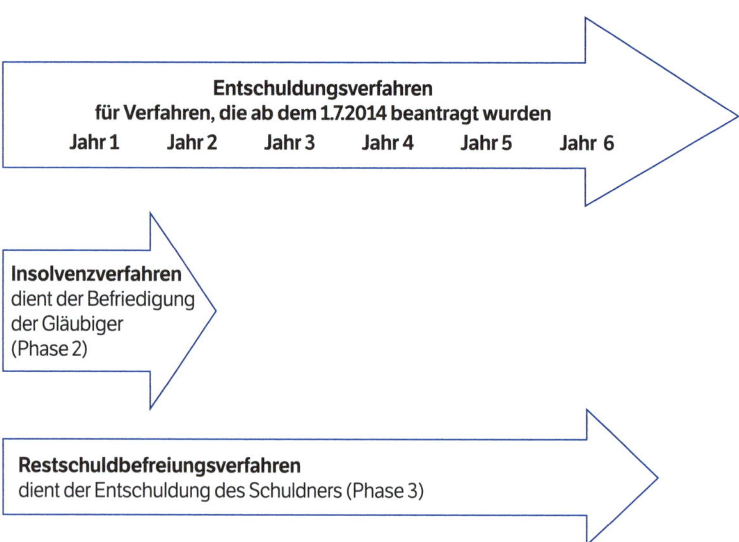

ABBILDUNG 1: Insolvenz- und Restschuldbefreiungsverfahren für ALTFÄLLE

4. Gemeinsamkeiten und Unterschiede zwischen alter und neuer Rechtslage

Wie oben dargestellt, entfallen die Jahre 4 bis 6 für alle Insolvenzverfahren, die ab dem 1.1.2021 beantragt wurden. Das Restschuldbefreiungsverfahren endet dann regelmäßig nach 3 Jahren. Zu besonderen Abkürzungsmöglichkeiten siehe Seite 50 und Seite 57 f.

Dem Insolvenzverfahren (PHASE 2) und dem Restschuldbefreiungsverfahren (PHASE 3) kann ein VORLÄUFIGES INSOLVENZVERFAHREN (PHASE 1) vorausgehen, das KEIN eigenes Verfahren im Rechtssinne ist. Gemeint ist damit nur der Zeitraum, den das Gericht benötigt, um über die Anträge des Schuldners zu entscheiden. Um das Vermögen für die Gläubiger zu sichern, kann es bestimmte Sicherungsmaßnahmen anordnen und zum Beispiel einen vorläufigen Insolvenzverwalter ernennen. Das vorläufige Insolvenzverfahren wird auch Insolvenzantragsverfahren genannt.

Nach Aufhebung des Insolvenzverfahrens spricht man für den Zeitraum, in dem das Restschuldbefreiungsverfahren noch läuft, häufig von der sogenannten WOHLVERHALTENSPERIODE ODER -PHASE. Dieser Begriff ist unscharf und im Gesetz nicht vorgesehen. Diese Begriffe werden in der Praxis und in der Rechtsprechung verwendet, sodass ich Ihnen diese nicht vorenthalten möchte. Eine Übersicht aller Begriffe finden Sie im Glossar.

Rechtstechnisch beginnt das Restschuldbefreiungsverfahren (Phase 3) gleichzeitig mit dem Insolvenzverfahren (Phase 2). Da die Pflichten während des Insolvenzverfahrens umfangreicher sind und diejenigen des Restschuldbefreiungsverfahrens überlagern, wird letzteres während des Insolvenzverfahrens nicht so richtig wahrgenommen. Ohnehin liegt der Fokus seit jeher auf dem Insolvenzverfahren und der Verwertung des Schuldnervermögens. Nach Aufhebung des Insolvenzverfahrens muss sich der Schuldner nur noch über einen bestimmten Zeitraum („Periode") wohl verhalten, also angemessen verhalten und bestimmte Pflichten erfüllen.

Ich halte den Begriff Restschuldbefreiungsverfahren für zutreffend, weil er genauer ist. Zum einen handelt es sich um ein gerichtliches Verfahren, dass durch einen Antrag eingeleitet und durch Beschluss beendet wird. Es ist auf die Erteilung der Restschuldbefreiung gerichtet und der Gesetzgeber hat die Bezeichnung Restschuldbefreiung als amtliche Überschrift im Gesetz verwendet. Auch ist es nicht so, dass sich ein Schuldner wohl verhalten muss. Dieser Begriff ist unscharf. Der Schuldner muss lediglich die in § 287b InsO, § 295 InsO und § 295a InsO genannten, als OBLIEGENHEITEN bezeichneten Pflichten erfüllen.

Häufig wird ferner von einem sogenannten INSOLVENZPLANVERFAHREN gesprochen. Hierbei handelt es sich aber NICHT um eine eigene Verfahrensart. Gemeint ist der Ablauf bei Vorlage eines Insolvenzplans. Der Plan muss während des laufenden Insolvenzverfahrens vorgelegt werden und beendet dieses. Er macht auch das weitere Restschuldbefreiungsverfahren überflüssig.

Die nachfolgende Übersicht stellt zusätzlich MÖGLICHE ENTSCHULDUNGSZEITPUNKTE dar (Abbildung 2):

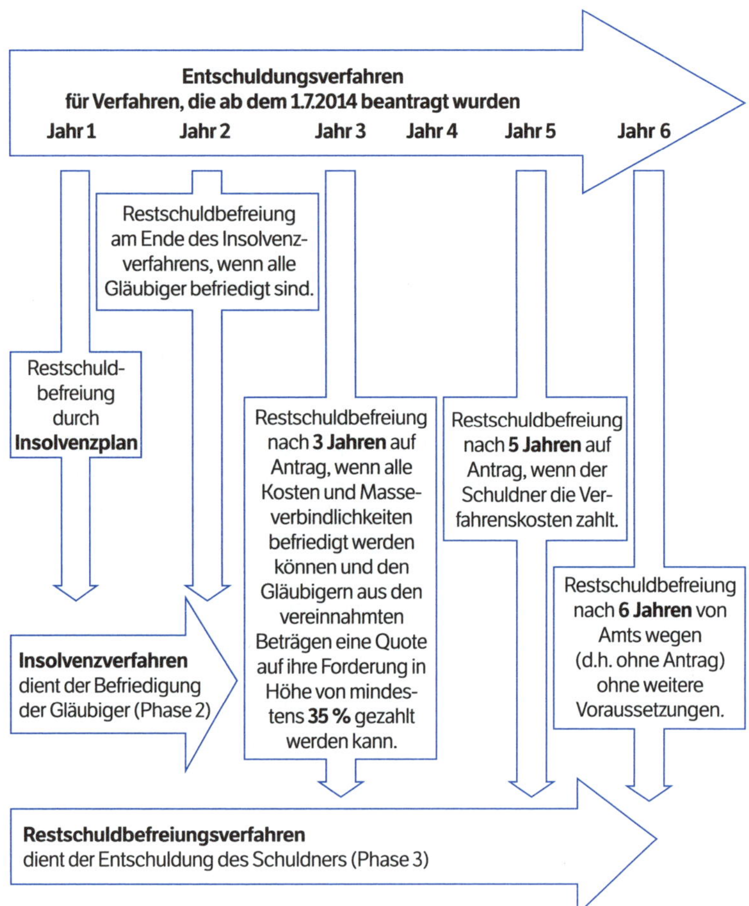

ABBILDUNG 2: Mögliche Entschuldungszeitpunkte in Verfahren, die VOR dem 1.1.2021 beantragt wurden

Die Übersicht zeigt, dass ein INSOLVENZPLAN die schnellste Möglichkeit ist, die begehrte Entschuldung zu erlangen. Seit der allgemeinen Verkürzung auf drei Jahre in Verfahren ab dem 1.1.2021 dürfte sich der Insolvenzplan für viele Schuldner aber wirtschaftlich häufig nicht lohnen. Auch die Entschuldung durch einen Insolvenzplan dauert in Abhängigkeit verfügbarer Gerichtstermine bis zu einem Jahr. Durch einen Insolvenzplan gewinnt der Schuldner im Vergleich zur neuen Regelentschuldungszeit von drei Jahren also lediglich 24 Monate.

Anhand dieser Grafik können Sie auch erkennen, dass die Neuregelung zur Restschuldbefreiung nach drei Jahren die bisherigen komplizierten Regelungen zumindest etwas vereinfacht. Die Jahre 4 bis 6 entfallen und unabhängig von der Höhe der Insolvenzquote erhalten Sie nach drei Jahren die Restschuldbefreiung.

Für Insolvenzverfahren, die SEIT DEM 1.1.2021 und in Zukunft beantragt werden, gilt folgende grafische Darstellung des Verfahrensablaufs:

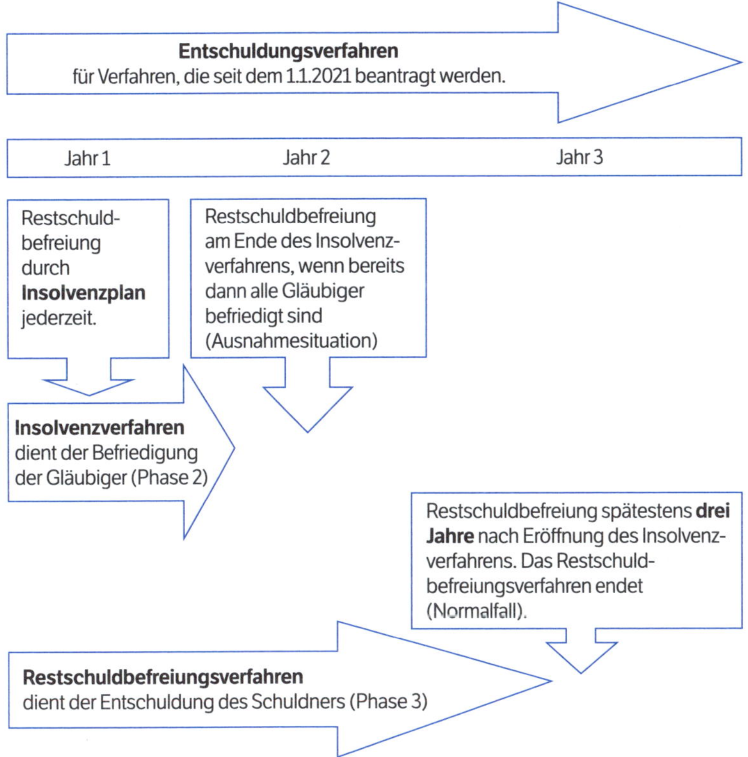

ABBILDUNG 3: Mögliche Entschuldungszeitpunkte in Verfahren, die SEIT dem 1.1.2021 beantragt werden.

5. Insolvenzverwalter oder Treuhänder – was ist der Unterschied?

Wundern Sie sich nicht über die Bezeichnung Insolvenzverwalter und Treuhänder. Es ist dieselbe Person. Die Bezeichnung hängt mit den beiden Verfahrensabschnitten zusammen. Dauert das Insolvenzverfahren drei Jahre oder länger, bekommt der Schuldner keinen Treuhänder. Er erhält die Restschuldbefreiung nach längstens drei Jahren. Die „Abtretung an den Treuhänder" greift nur und wird nur benötigt, wenn das Insolvenzverfahren früher als drei Jahre nach der Eröffnung endet. Für die Restzeit, die sogenannte Wohlverhaltensperiode, greift dann die Abtretung und der Insolvenzverwalter wird zum Treuhänder. Während der Insolvenz bedarf es der Abtretung nicht, da alle pfändbaren Anteile automatisch dem Insolvenzbeschlag unterliegen. Die Abtretung ist nur eine Hilfskonstruktion für den Fall, dass das Insolvenzverfahren beendet wird, ohne dass die drei Jahre erreicht werden. In kleinen Verbraucherinsolvenzen endete die Insolvenz häufig nach einem Jahr, sodass bis zum Ablauf der regelmäßigen Entschuldung von fünf Jahren für die restliche Zeit Treuhänder und Abtretung gebraucht wurden. Und um die Verwirrung komplett zu machen: Bis zur Reform im Jahr 2014 hieß der Insolvenzverwalter im Verbraucherinsolvenzverfahren auch Treuhänder. Lassen Sie sich von diesen Konstrukten nicht verwirren. Die Personen, die Rechte und Pflichten sind vom Insolvenzantrag bis zur Entschuldung im Wesentlichen dieselben. Siehe zum Ganzen auch die Seiten 113 ff.

II. Abkürzungen auf dem Weg zur Entschuldung und besondere Verfahrensarten

Grundsätzlich dauert es ab Eröffnung des Insolvenzverfahrens DREI JAHRE bis zur Schuldenfreiheit. Einzige Abkürzungsmöglichkeit nach neuem Recht ist die Vorlage eines INSOLVENZPLANS.

Auch die Entschuldung durch ein INSOLVENZVERFAHREN OHNE INSOLVENZVERWALTER möchte ich Ihnen nicht vorenthalten, sondern zumindest einführend erläutern, da die Fälle der sog. EIGENVERWALTUNG (§§ 270 ff. InsO) besonders für Selbstständige und sonstige Unternehmer sehr interessant sein können. Die Regelungen hierzu sind so komplex, dass hinsichtlich der Detials auf andere Werke verwiesen werden muss.

Daneben gibt es seit dem 1.1.2021 mit der SANIERUNGSMODERATION und dem RESTRUKTURIERUNGSPLAN auch noch vorinsolvenzliche Möglichkeiten für eine Entschuldung mit Hilfe des Gerichts. Hier kann der noch nicht zahlungsunfähige, aber bereits drohend zahlungsunfähige Selbstständige oder sonstige Unternehmer durch rechtzeitiges Handeln eine Insolvenz vermeiden und zugleich gegen den Willen einzelner Gläubiger seine Entschuldung durchsetzen. Auch diese neuen Möglichkeiten möchte ich Ihnen vorstellen.

Schließlich gibt es auch noch ein paar Sonderfälle, bei denen das Insolvenzverfahren mit oder ohne Erteilung der Restschuldbefreiung vorzeitig enden kann.

1. Der Insolvenzplan

Das klassische Mittel für die Abkürzung eines Insolvenzverfahrens ist der Insolvenzplan, der bereits mit dem Insolvenzantrag eingereicht werden kann. Der Insolvenzplan ist vereinfacht gesagt ein Vergleichsvertrag, der im Kern folgende Regelung enthält: Die Gläubiger erhalten eine bestimmte Quote auf ihre Forderung (zum Beispiel 12 Prozent) und verzichten auf den Rest. Dieser Verzicht führt nach Rechtskraft des Plans zu einer sofortigen Entschuldung. Der Insolvenzplan ist ein taugliches Mittel für alle Schuldner, die zumindest über etwas Geld verfügen, um den Gläubigern etwas anbieten zu können. Zudem müssen die Kosten für die Planerstellung berücksichtigt werden. Durch die Beauftragung spezialisierter Anwälte können Kosten vermieden werden.

Seit dem 1.7.2014 kann ein Insolvenzplan auch in einem Verbraucherinsolvenzverfahren vorgelegt werden. Damit ist eine Entschuldung in nur wenigen Monaten in jedem Privatinsolvenzverfahren möglich. Auf die Verfahrensart kommt es also nicht mehr an.

Idealerweise legt man den Insolvenzplan bereits mit dem Insolvenzantrag zusammen vor. So kann eine möglichst frühzeitige Abstimmung mit dem Insolvenzgericht erreicht werden. Das Gericht muss den Plan vorprüfen und Termine für eine Erörterung und Abstimmung über den Plan festlegen. Um das Entschuldungsverfahren zu beschleunigen, sollten möglichst alle Termine kombiniert werden. Für die Dauer des Verfahrens sind die Arbeitsbelastung des Insolvenzgerichts und die Verfügbarkeit von Terminen sehr entscheidend.

Mit dem Insolvenzplan muss der Schuldner nicht alle Gläubiger überzeugen. Es ist lediglich die Mehrheit der Gläubiger erforderlich. Die Abstimmung der Gläubiger erfolgt in sogenannten Gruppen. Für bestimmte Gläubiger müssen Gruppen gebildet werden, für andere können Gruppen gebildet werden, wenn dies sachdienlich ist. Durch eine geschickte Gruppenbildung können auch Großgläubiger überstimmt werden. Eigene Gruppen können zum Beispiel für Arbeitnehmer oder Kleingläubiger gebildet werden. Gläubiger mit Sicherheiten, zum Beispiel einem Vermieterpfandrecht oder eine Grundschuld, müssen in einer besonderen Gruppe erfasst und von den sonstigen Gläubigern getrennt werden. Die Regelungen hierzu sind im Detail kompliziert. Den Insolvenzplan sollte auf jeden Fall ein insolvenzrechtlich versierter Anwalt schreiben.

Der Insolvenzplan kann fast alle denkbaren Regelungen enthalten. Der Kreativität sind keine Grenzen gesetzt. Wichtig ist nur, dass Sie die Gläubiger vermögensrechtlich besserstellen, als sie ohne Insolvenzplan stünden. Der Plan muss also dazu führen, dass die Gläubiger eine höhere Insolvenzquote erhalten als ohne Insolvenzplan, und dies muss entsprechend dargestellt werden.

In der Praxis gelingt eine Besserstellung der Gläubiger häufig dadurch, dass Familienmitglieder oder Freunde des Schuldners für den Fall der Annahme des Insolvenzplans zusätzliche Beträge zur Verfügung stellen. So kann ein Darlehen der Eltern dann nach Aufhebung des Insolvenzverfahrens in Ruhe zurückgeführt werden. Denkbar ist auch die Durchführung einer vorweggenommenen Erbfolge („das künftige Erbe auszahlen lassen"). Ebenso ist es möglich, dass die Ehefrau des Schuldners etwas in die Insolvenzmasse leistet. Noch einmal zur Erinnerung: Den Gläubigern steht ohne Insolvenzplan nur das verwertbare Vermögen des Schuldners zur Verfügung; nicht dasjenige der Ehefrau, von Familienmitgliedern oder Freunden.

Mit Zustimmung des Gläubigers ist sogar eine Befreiung von Verbindlichkeiten aus einer vorsätzlichen unerlaubten Handlung, also einer Deliktsforderung (hierzu Seite 120 ff.) möglich. Muss dieser Gläubiger überstimmt werden, kann es je nach Alter und Berufsausbildung des Schuldners zu Problemen kommen, weil der Gläubiger durch den Insolvenzplan möglicherweise schlechter gestellt würde. Denn normalerweise sind unerlaubte Handlungen von der Restschuldbefreiung ausgenommen, wenn sie als solche festgestellt werden. Aber auch hierfür gibt es Lösungsmöglichkeiten, die Ihnen ein Anwalt im Detail erklären und sodann umsetzen kann. Nötigenfalls bilden Sie für die Deliktsgläubiger eine eigene Gruppe und bieten diesen eine Quote von 100 % an, während die übrigen Gläubiger beispielsweise nur eine Quote von 2 % erhalten. Diese Differenzierung ist zulässig und da nur die wenigsten Forderungen Deliktsforderungen sind, erreichen Sie auf diesem Weg eine rechtssichere Entschuldung.

Neben dem Betrag zur verbesserten Befriedigung der Gläubiger sind die Kosten des Rechtsanwalts zu berücksichtigen. Diese hängen davon ab, wie komplex die Vermögensverhältnisse des Schuldners sind. Hat er zum Beispiel Grundstücke oder sogar einen laufenden Geschäftsbetrieb, sind sehr viele Regelungen und Gespräche mit den Beteiligten erforderlich. Je spezialisierter ein Rechtsanwalt ist, desto weniger Zeit ist erforderlich, was sich regelmäßig auf die Kosten auswirkt. In sehr einfach gelagerten Fällen sind Kosten von 2.000 bis 3.000 Euro realistisch. In komplexeren

Fällen sind aber auch Kosten von 5.000 bis 10.000 Euro, je nach Sachlage und Aufwand auch bis zu 20.000 Euro denkbar. Erfahrene Anwälte werden Ihnen im Rahmen einer Erstberatung eine Kosteneinschätzung geben können.

2. Die Eigenverwaltung
Als wenn es nicht schon kompliziert genug wäre, gibt es noch eine weitere besondere Verfahrensart, die auch im Fall der Privatinsolvenz möglich ist. Haben Sie als Selbstständiger ein Unternehmen, das Sie durch eine Insolvenz mitsamt Ihren Privatverbindlichkeiten entschulden wollen, dann steht die Möglichkeit einer Insolvenz ohne Insolvenzverwalter offen. Sie selbst übernehmen – zusammen mit einem frei wählbaren SANIERUNGSBERATER – die Aufgaben des Insolvenzverwalters und legen einen Insolvenzplan vor. Ihnen wird lediglich ein Kontrolleur, der sogenannte Sachwalter, an die Seite gestellt. Zu dieser besonderen Verfahrensart lassen sich ganze Bücher schreiben – und hiervon gibt es zuhauf.

Der Vorteil der Eigenverwaltung liegt vor allem darin, dass Sie als Unternehmer selbst am Steuer bleiben und die Dinge weiter lenken. Gerade die oftmals als Fremdbeherrschung empfundene Übernahme der Kontrolle und Geschäftstätigkeit durch einen Insolvenzverwalter schreckt viele Unternehmer von dem längst notwendigen Gang zum Insolvenzgericht und der Sanierung unter Insolvenzschutz ab. Um den Unternehmer zum rechtzeitigen Insolvenzantrag zu motivieren, wurde die sogenannte EIGENVERWALTUNG (§§ 270 bis 285 InsO) 2012 erheblich erleichtert. Alle größeren Insolvenzen und viele Insolvenzen von Mittelständlern erfolgen heute nach dieser Verfahrensart, die auch als SCHUTZSCHIRMVERFAHREN bezeichnet wird.

3. Die Sanierungsmoderation und der Restrukturierungsplan
Und last but not least, hat der Gesetzgeber zum 1.1.2021 noch zwei neue Instrumente zur Sanierung eingeführt: die SANIERUNGSMODERATION und das RESTRUKTURIERUNGSVERFAHREN zur Umsetzung eines Restrukturierungsplans. Geregelt ist dies in einem völlig neuen, 102 Paragrafen umfassenden Gesetz, dem Gesetz über den Stabilisierungs- und Restrukturierungsrahmen für Unternehmen (StaRUG). Diese Verfahren sind dann nicht nur eine Insolvenz ohne Insolvenzverwalter, sondern sogar eine INSOLVENZ OHNE INSOLVENZVERFAHREN. In einigen wenigen Fällen ist dies auch ein gangbarer Weg für Kleinunternehmer und Selbstständige. Es darf aber nicht verkannt werden, dass diese neuen Instrumente erst noch erprobt werden müssen und für die allermeisten

Verbraucher, Selbstständigen und Kleinunternehmer nicht der richtige Weg sind. Wir haben hier aber schon gute und vielversprechende Erfahrungen gemacht.

Bei der SANIERUNGSMODERATION verhandelt der Schuldner vertraulich mit seinen Gläubigern über einen Schuldenschnitt. Gemeint ist damit ein Teilerlass von bestehenden Verbindlichkeiten, der vertraglich vereinbart wird. Der Schuldner kann bei besonders eingerichteten Restrukturierungsgerichten die Bestellung eines Sanierungsmoderators beantragen. Dieser moderiert dann einen Vergleich zwischen Gläubigern und Schuldner, der durch das Gericht bestätigt werden kann. Die Bestätigung ist nicht zwingend, bietet aber den Beteiligten mehr Rechtssicherheit; auch im Hinblick auf eine spätere Insolvenzanfechtung (hierzu Seite 133 ff.). Der Sanierungsvergleich selbst ist gemäß § 97 Absatz 3 StaRUG nicht anfechtbar. Auch im Rahmen des Vergleichs geleistete Zahlungen sind nur unter besonderen Umständen noch anfechtbar.

Das Gesetz billigt für die Verhandlungen grundsätzlich drei Monate zu; eine Verlängerung um nochmals drei Monate ist möglich (§ 95 Absatz 1 StaRUG). Voraussetzung für die Sanierungsmoderation ist, dass der Schuldner im Zeitpunkt des Antrags noch NICHT ZAHLUNGSUNFÄHIG ist. Die Sanierungsmoderation eignet sich also nur bei drohender Zahlungsunfähigkeit. Denkbar ist es zum Beispiel, dass ein Betriebsmittelkredit oder eine Corona-Hilfe in vier Monaten zur Rückzahlung fällig wird. Eine Verlängerung des Kredites oder eine Stundung des Rückzahlungsanspruches werden ausgeschlossen. Der Selbstständige sieht, dass er die Beträge für die Rückzahlung nicht innerhalb von vier Monaten erwirtschaften kann, sondern er mindestens drei Jahre benötigt; er ist also drohend zahlungsunfähig. In derartigen Fällen kann eine Sanierungsmoderation der richtige Weg zur Entschuldung sein. Von Vorteil ist, dass die Bestellung eines Sanierungsmoderators nicht öffentlich bekannt gemacht wird (§ 95 Absatz 2 StaRUG). Die Angelegenheit bleibt also vertraulich. Von Nachteil ist, dass zwingend alle Gläubiger dem Vergleich zustimmen können. Anders als beim Insolvenzplan kann also kein Gläubiger überstimmt werden.

Scheitert eine Sanierungsmoderation oder erscheint sie von vorneherein aussichtslos, bleibt noch der RESTRUKTURIERUNGSPLAN. Durch diesen kann – ebenfalls ohne Insolvenzverfahren – eine Entschuldung erreicht werden. Wie die Sanierungsmoderation ist auch ein Restrukturierungsplan und das diesen umsetzende Restrukturierungsverfahren nur möglich, wenn die Zahlungsunfähigkeit droht, aber noch nicht eingetreten ist.

Der Restrukturierungsplan ähnelt sehr dem Insolvenzplan (hierzu Seite 57). Dem Plan müssen nicht alle Gläubiger zustimmen. Der entscheidende Unterschied zwischen dem Restrukturierungsplan und dem Insolvenzplan liegt darin, dass ersterer nicht alle Verbindlichkeiten des Schuldners regeln kann. Der Schuldner kann sich durch einen Restrukturierungsplan NICHT von Forderungen der Arbeitnehmer aus einem Arbeitsverhältnis, von Rechten aus Zusagen auf eine betriebliche Altersvorsorge, von Forderungen aus vorsätzlich begangenen unerlaubten Handlungen, Geldstrafen und Geldbußen sowie von Forderungen, die von einer Gegenleistung des Gläubigers abhängen, befreien. Auch in Sicherheiten für Forderungen gegen natürliche Personen aus unternehmerischer Tätigkeit kann durch diesen Plan nicht eingegriffen werden. Diese Ausnahmen lassen deutlich den Nachteil des Restrukturierungsplans gegenüber einem Insolvenzplan erkennen. Setzt die nachhaltige Entschuldung von Selbstständigen und anderen Unternehmern im konkreten Fall auch die Befreiung auch von den vorgenannten Verbindlichkeiten voraus, ist der Insolvenzplan innerhalb eines Insolvenzverfahrens die bessere Wahl. Grundsätzlich kann der Schuldner auch erst einmal einen Restrukturierungsplan versuchen und bei dessen voraussichtlichem Scheitern in ein Insolvenzverfahren – in Eigen- oder Fremdverwaltung – wechseln, um dort dann einen Insolvenzplan vorzulegen.

4. Sonderfälle der vorzeitigen Beendigung des Entschuldungsverfahrens

In seltenen Fällen kommt es vor, dass Gläubiger keine Forderungen anmelden. Dann muss der Schuldner nur die Verfahrenskosten und die Aufwendungen des Insolvenzverwalters („Masseverbindlichkeiten“) bezahlen und erhält sofort die Restschuldbefreiung.

Das Insolvenzverfahren (genauer: das Entschuldungsverfahren) wird OHNE ERTEILUNG DER RESTSCHULDBEFREIUNG vorzeitig beendet, wenn dem Schuldner die Restschuldbefreiung versagt worden ist. Daneben führt auch die Rücknahme des Restschuldbefreiungsantrags durch den Schuldner oder sein Tod zur vorzeitigen Beendigung des Verfahrens ohne Erteilung der Restschuldbefreiung.

Dann können die Gläubiger ihre Forderungen gegen den Schuldner oder gegen seine Erben wieder unmittelbar durchsetzen und vollstrecken.

Stirbt der Schuldner während des eröffneten Insolvenzverfahrens, wird das Verfahren als Nachlassinsolvenzverfahren ohne Unterbrechung weitergeführt. Ein Ableben nach Aufhebung des Insolvenzverfahrens, aber vor Erteilung der Restschuldbefreiung („Wohlverhaltensperiode") führt zur Beendigung des Verfahrens ohne Erteilung der Restschuldbefreiung.

5. Privatinsolvenz im europäischen Ausland – Insolvenztourismus „EU-Insolvenz" & Co.

Der Weg zur Entschuldung in Deutschland war bis zum 1.1.2021 vergleichsweise lang und kompliziert. Auch deshalb sind in den letzten Jahren nicht wenige Schuldner auf die Idee gekommen, sich durch ein Insolvenzverfahren im Ausland zu entschulden. Man spricht bisweilen von einem Insolvenztourismus.

Schon eine kurze Suche im Internet führt zu zahlreichen mehr oder weniger seriösen Angeboten im Internet. Die Rechtslage hierzu ist klar: Ein Entschuldungsverfahren in einem Staat der EU muss von allen anderen Staaten anerkannt werden. Voraussetzung ist aber, dass das Gericht des jeweiligen Staates für das Entschuldungsverfahren tatsächlich zuständig ist. Wann das der Fall ist, bestimmt die Europäische Insolvenzverordnung. Zuständig ist nach der Rechtsprechung des Europäischen Gerichtshofs das Insolvenzgericht, in dessen Zuständigkeitsbereich der Schuldner im Zeitpunkt der Antragstellung den Mittelpunkt seiner hauptsächlichen Interessen hat. Für Privatleute ist dies regelmäßig der Wohnsitz.

Daher ist es nicht zu beanstanden, wenn ein Deutscher seinen Wohnsitz in England begründet, um dort die Entschuldung durch ein Insolvenzverfahren nach englischem Recht durchzuführen. Diese Möglichkeit besteht aufgrund der Regelungen zum internationalen Insolvenzrecht auch nach dem Brexit fort. Es steht insbesondere jedem Europäer frei, sich durch die Verlagerung seines Wohnsitzes der Rechtsordnung eines anderen Mitgliedsstaates zu unterwerfen. Lebt und arbeitet der Schuldner in London, kann er dort ein Insolvenzverfahren durchlaufen und schon nach einem Jahr schuldenfrei sein. Und zwar ohne, dass er die Forderungen seiner Gläubiger zu einem gewissen Prozentsatz befriedigen muss. Rechtswidrig ist es allerdings, wenn der Schuldner nur vorgibt, seinen Lebensmittelpunkt im europäischen Ausland begründet zu haben, um sich die Zuständigkeit des dortigen Gerichts zu erschleichen. Gleiches gilt auch für die Durchführung von Insolvenzverfahren in nicht EU-Ländern.

Wie uns Schuldner berichten und dem Internet entnommen werden kann, gibt es Agenturen, die für hohe Beträge anbieten, einen Wohnsitz im Ausland vorzuspielen. Aufgrund der kurzen Verfahrensdauer und der vergleichsweise geringen sprachlichen Barriere ist hier England bislang die erste Wahl. Die Agenturen schließen für den Schuldner Miet- und Arbeitsverträge, richten Girokonten bei lokalen Banken ein, ja sammeln sogar Fahrscheine für Bus und Bahn und im Supermarkt, um im Zweifel den Wohnsitz des Schuldners in London darlegen und beweisen zu können. Dies ist illegal und es kann hiervor nur eindringlich gewarnt werden. Diese Fälle der Zuständigkeitserschleichung werden nicht nur zunehmend von den Gerichten und deren Beauftragten in England entschieden verfolgt. Auch deutsche Gerichte verweigern in solchen Fällen immer häufiger die Anerkennung von im Ausland erlangten Restschuldbefreiungen, wenn diese durch ein nachweisbar unzuständiges Gericht ausgesprochen wurden. Professionalisierte Gläubigervertreter helfen bei der Ermittlung und die Möglichkeiten, kostengünstig zu ermitteln, sind in der heutigen Zeit besser denn je. Die Gerichte können die Anerkennung unter Hinweis auf einen Verstoß gegen die deutsche öffentliche Ordnung (sog. Ordre Public) wirksam verweigern und eine im Ausland erlangte Restschuldbefreiung in Deutschland als unbeachtlich behandeln. Mit der Folge, dass die Gläubiger ihre Forderungen weiter gegen die Schuldner titulieren und vollstrecken können. Derjenige, der einem Gerichtsvollzieher den Beschluss eines englischen Gerichts vorzeigt, muss also stets damit rechnen, dass ein hartnäckiger und misstrauischer Gläubiger weitere Nachforschungen anstellt und schließlich doch weiter vollstrecken kann. Das aufgewendete Geld für eine fingierte Wohnsitzverlagerung ist besser investiert, wenn es zur Durchführung eines Insolvenzplanverfahrens in Deutschland verwendet wird, mit dem sich die Restschuldbefreiung mindestens genauso schnell, aber rechtssicher erreichen lässt. Unserer Meinung nach gibt es viele gute Gründe für einen Aufenthalt im Ausland – die Entschuldung zu erreichen ist allerdings sicherlich keiner.

III. Werde ich durch die Insolvenz alle Schulden los?

Sie werden grundsätzlich von ALLEN VERBINDLICHKEITEN befreit, die im Zeitpunkt der Eröffnung des Insolvenzverfahrens begründet waren. So steht es – etwas kompliziert ausgedrückt – in § 38 InsO:

§ 38 InsO Begriff der Insolvenzgläubiger
Die Insolvenzmasse dient zur Befriedigung der persönlichen Gläubiger, die einen zur Zeit der Eröffnung des Insolvenzverfahrens begründeten Vermögensanspruch gegen den Schuldner haben (Insolvenzgläubiger).

Die Gläubiger mit solchen Forderungen werden also Insolvenzgläubiger genannt. Erfasst sind demnach alle Altverbindlichkeiten aus der Zeit bis zur Insolvenz. Der bis dahin aufgebaute Schuldenberg wird beseitigt. Dies gilt auch, wenn Ihr Gläubiger seine Forderung nicht zur Insolvenztabelle anmeldet oder keine Kenntnis von Ihrem Insolvenzverfahren hat. Diese Regelung ist auch gerecht, da Sie alle Ihnen bekannten Gläubiger in Ihrem Insolvenzantrag angeben müssen, sodass diese angeschrieben werden. Zugleich erklärt dies, weshalb falsche Angaben in den Formularen zum Insolvenzantrag, zum Beispiel das absichtliche oder schuldhafte Vergessen eines Gläubigers, mit dem scharfen Schwert der Versagung der Restschuldbefreiung sanktioniert werden können. Andererseits – und auch deshalb ist die Erfassung der Forderungen sämtlicher Gläubiger von der Restschuldbefreiung gerecht – ist jeder Gläubiger verpflichtet, seine Forderungen selbst durchzusetzen und regelmäßig tätig zu werden. Wenn ein Gläubiger seine Forderung einfach liegen lässt, ist er auch nicht besonders schutzwürdig.

Etwaige Rechte gegen Dritte behält der Gläubiger allerdings. So haftet die BÜRGENDE EHEFRAU des Schuldners weiter und auch eine GRUNDSCHULD kann verwertet werden. Die dingliche Haftung des Grundstücks besteht fort. Der Gläubiger kann diese Sicherheiten ohne Einschränkung verwerten. Gleiches gilt für Pfandrechte und sonstige Sicherheiten. In der Praxis sind vor allem das VERMIETERPFANDRECHT, das WERKUNTERNEHMERPFANDRECHT und der EIGENTUMSVORBEHALT sowie das SICHERUNGSEIGENTUM zu nennen. Diese Rechte kann der Gläubiger selbst verwerten, wenn er im Besitz der Pfandsache ist. Andernfalls erfolgt die Verwertung durch den Insolvenzverwalter und der Gläubiger kann abgesonderte Befriedigung verlangen. Er bekommt den vollen Erlös vom Insolvenzverwalter abzüglich einer Pauschale für die Insolvenzmasse in Höhe von regelmäßig neun Prozent. Die Grundschuld und die Bürgschaft kann der Gläubiger immer selbst verwerten. Der Eigentumsvorbehalt verschafft dem Gläubiger sogar einen Anspruch gegen den Schuldner und den Insolvenzverwalter auf Herausgabe. Dieser Anspruch wird AUSSONDERUNGSRECHT genannt, weil ein Anspruch auf Aussonderung des Gegenstandes aus der Masse besteht.

Die Frage der Verwertung von Sicherheiten ändert aber nichts daran, dass der Schuldner von sämtlichen Verbindlichkeiten befreit wird. Führt die Verwertung nicht zum vollständigen Ausgleich der gesicherten Forderung, erhält der Gläubiger für seinen Ausfall wie alle anderen Gläubiger nur die Insolvenzquote.

Wie so oft gibt es aber auch hier Ausnahmen von der Regel. Welche Forderungen ausnahmsweise nicht von der Restschuldbefreiung erfasst sind, bestimmt § 302 InsO:

§ 302 InsO Ausgenommene Forderungen

Von der Erteilung der Restschuldbefreiung werden nicht berührt:

1. *Verbindlichkeiten des Schuldners aus einer vorsätzlich begangenen unerlaubten Handlung, aus rückständigem gesetzlichen Unterhalt, den der Schuldner vorsätzlich pflichtwidrig nicht gewährt hat, oder aus einem Steuerschuldverhältnis, sofern der Schuldner im Zusammenhang damit wegen einer Steuerstraftat nach den §§ 370, 373 oder § 374 der Abgabenordnung rechtskräftig verurteilt worden ist; der Gläubiger hat die entsprechende Forderung unter Angabe dieses Rechtsgrundes nach § 174 Absatz 2 anzumelden;*
2. *Geldstrafen und die diesen in § 39 Absatz 1 Nr. 3 gleichgestellten Verbindlichkeiten des Schuldners;*
3. *Verbindlichkeiten aus zinslosen Darlehen, die dem Schuldner zur Begleichung der Kosten des Insolvenzverfahrens gewährt wurden.*

Der Gesetzgeber hält es vereinfacht gesagt für ungerecht, wenn der Schuldner auch von Verbindlichkeiten befreit wird, welche die vorgenannten Voraussetzungen erfüllen. Hat der Schuldner beispielsweise in der Vergangenheit im Rahmen einer Schlägerei eine vorsätzliche Körperverletzung begangen, so ist es ungerecht, wenn der Geschädigte seine Ansprüche auf Schadenersatz und Schmerzensgeld durch ein Insolvenzverfahren des Schädigers verlieren würde. Auch ein Schuldner, der vorsätzlich und pflichtwidrig keinen Unterhalt an seine Kinder zahlt, soll insoweit von seinen Schulden nicht befreit werden. § 39 Absatz 1 Nummer 3 InsO nennt neben Geldstrafen auch Geldbußen, Ordnungsgelder, Zwangsgelder sowie solche Nebenfolgen einer Straftat oder Ordnungswidrigkeit, die zu einer Geldzahlung verpflichten.

VORSICHT:
Der Strafbefehl steht einem Urteil gleich! Legen Sie rechtzeitig Einspruch ein und nehmen Sie anwaltliche Hilfe in Anspruch.

TIPP:
Für die Praxis besonders wichtig sind Fälle der Steuerhinterziehung. Es ist daher wichtiger denn je, eine Verurteilung zu vermeiden. Sehr hohe Praxisrelevanz haben auch Forderungen der Krankenkassen wegen nicht abgeführter Sozialversicherungsbeiträge (hierzu nachstehend).

Personen, die einmal Arbeitgeber waren, also als Selbstständige andere Menschen beschäftigt oder eine GmbH geführt haben, die Arbeitnehmer beschäftigt hat, sehen sich mit einem weiteren Problem konfrontiert: Regelmäßig bestehen Verbindlichkeiten wegen nicht abgeführter Sozialversicherungsbeiträge für im Betrieb beschäftigte (ehemalige) Arbeitnehmer. Dies ist nach § 266a Strafgesetzbuch strafbar. Diese Verbindlichkeiten des Schuldners stellen also Verpflichtungen aus einer strafbaren und daher VORSÄTZLICH BEGANGENEN UNERLAUBTEN HANDLUNG dar, die, sofern der Gläubiger (also hier die Sozialversicherungsträger) bei seiner Anmeldung dies näher ausgeführt hat, nicht von der Restschuldbefreiung erfasst werden. Der betroffene Schuldner, der davon ausgegangen ist, er könne sich durch ein Insolvenzverfahren seiner Schulden entledigen, muss dann feststellen, dass er auch nach Beendigung seiner Insolvenz mit oft erheblichen Ansprüchen der Krankenkassen konfrontiert wird. Aber auch insoweit gilt: nicht aufgeben, Rat holen und genau prüfen. Der Vortrag der Krankenkassen erfolgt in der Praxis oft schlicht „ins Blaue hinein“ oder genügt nicht den Anforderungen. Hier gibt es viele Möglichkeiten. Weitere Einzelheiten hierzu auf Seite 120 ff.

Zusammenfassung:
Der Weg zum wirtschaftlichen Neuanfang in Deutschland wirkt kompliziert, hat aber eine klare Struktur. Die zahlreichen Verfahrensarten und Beendigungsmöglichkeiten dienen der Einzelfallgerechtigkeit und bieten maßgeschneiderte Lösungsmöglichkeiten für jeden Schuldner. Regelmäßig ist die Entschuldung drei Jahre nach Eröffnung des Insolvenzverfahrens erreicht. Von einem Insolvenztourismus in das Ausland sollte der Schuldner Abstand nehmen. Die fiktive Begründung von Scheinwohnsitzen im Ausland, vor allem in England und Frankreich, fällt den Gerichten immer häufiger auf. Der Insolvenzplan, die Eigenverwaltung oder auch die Sanierungsmoderation sind im Einzelfall sinnvolle Alternativen für eine zügige Entschuldung in Deutschland. Jede Verfahrensart in Deutschland führt dazu, dass der Schuldner von sämtlichen Verbindlichkeiten befreit wird, die vor der Eröffnung des Insolvenzverfahrens begründet wurden. Egal woher der Gläubiger kommt oder welcher Art seine Forderung ist. Auch die Forderungen solcher Gläubiger, die nicht am Insolvenzverfahren teilnehmen, werden von der Restschuldbefreiung erfasst. Eine einzige wichtige Ausnahme von dem Grundsatz der vollständigen Schuldenfreiheit durch Insolvenz kennt das Gesetz: die vorsätzlich begangene unerlaubte Handlung. Wird eine Forderung mit dieser Eigenschaft, der sogenannten Deliktseigenschaft, zur Insolvenztabelle festgestellt, wird der Schuldner von dieser nicht befreit. Der Schuldner muss daher alle Möglichkeiten nutzen, der Anmeldung einer solchen Forderung zu widersprechen und nötigenfalls einen Forderungsfeststellungsrechtsstreit führen. Ist ihm aber klar, dass der Gläubiger die Deliktseigenschaft wird beweisen können, sollte er zur Vermeidung von Prozesskosten, also neuer Verbindlichkeiten, hinnehmen, dass er für diese beschränkte Forderung weiter haftet.

Folgen der Eröffnung eines Insolvenzverfahrens

Im dritten Kapitel werden die Folgen der Eröffnung eines Insolvenzverfahrens im Einzelnen erläutert. Zahlreiche wirtschaftliche und private Fragen stehen im Mittelpunkt. Arbeitgeber, Vermieter, Geldinstitut: Können sie insolvenzbedingt Verträge kündigen oder enden Verträge durch die Insolvenz automatisch? Was bleibt dem Schuldner von seinem Lohn, Gehalt oder Abfindung? Wie sieht es mit privater Kranken- und Pflegeversicherung, Altersvorsorge und Rente aus? Haftet der Ehepartner für meine Schulden und kann ich während der Insolvenz überhaupt heiraten oder umziehen? Und überhaupt: Wird meine Insolvenz öffentlich? Ferner werden in diesem Kapitel die komplizierten Regelungen in Bezug auf eine selbstständige Tätigkeit während des Insolvenzverfahrens anschaulich erklärt.

3. Folgen der Eröffnung eines Insolvenzverfahrens

I. Folgen der Eröffnung eines Insolvenzverfahrens

Die Eröffnung eines Insolvenzverfahrens hat sehr viele Konsequenzen. Einige sind für den Schuldner unmittelbar von Vorteil, andere sind nachteilig oder wirken zumindest so. Bei genauerer Betrachtung erweisen sich viele vermeintliche Nachteile eines Insolvenzverfahrens aber als Vorteil.

1. Wird die Insolvenz veröffentlicht und erfahren Dritte hiervon?
Da die Insolvenz in Deutschland für viele immer noch mit einem gewissen Makel verbunden ist, spielt die Frage der öffentlichen Bekanntmachung der Insolvenz bei vielen Schuldnern eine große Rolle. Hierzu ist zu sagen, dass die diversen Beschlüsse des Insolvenzgerichts und damit auch die Eröffnung des Insolvenzverfahrens im Internet unter http://www.insolvenzbekanntmachungen.de veröffentlicht werden. Innerhalb von zwei Wochen nach Bekanntgabe im Internet ist die Veröffentlichung dort uneingeschränkt einsehbar. Bei der Recherche nach diesem Zeitraum muss man zumindest den Familiennamen, die Firma, die Anschrift des Schuldners oder das gerichtliche Aktenzeichen angeben.

TIPP:
Informieren Sie Ihren Arbeitgeber vor dem Insolvenzantrag. Dann weiß er, was auf ihn zukommt. Information schafft Vertrauen. Den Vermieter sollten Sie nur informieren, wenn es keine Mietzinsrückstände gibt. Denn der besondere Kündigungsschutz gilt erst, nachdem Sie den Insolvenzantrag gestellt haben.

Die im Insolvenzantrag angegebenen GLÄUBIGER und VERTRAGSPARTNER werden daneben SCHRIFTLICH vom Insolvenzverwalter über die Eröffnung des Insolvenzverfahrens informiert. Auch Ihr ARBEITGEBER, der VERMIETER, BANKEN UND SPARKASSEN, das FINANZAMT werden informiert. Je nach Einzelfall werden auch Ihre weiteren Vertragspartner, wie etwa ENERGIEVERSORGER, MOBILFUNKDIENSTLEISTER und LEASINGGESELLSCHAFTEN durch den Insolvenzverwalter angeschrieben. Dies ist aber weniger problematisch als Sie denken. Weder Ihr Arbeitgeber noch der Vermieter können das Vertragsverhältnis aus Gründen der Insolvenz kündigen (hierzu sogleich). Ihre weiteren Vertragspartner werden auch in Zukunft mit Ihnen Geld verdienen wollen. In der Regel werden die bisherigen Verträge durch den Insolvenzverwalter oder Ihren Vertragspartner beendet und dann zu denselben Bedingungen neu abgeschlossen. Dies ist aufgrund der Zäsur der Eröffnung des Insolvenzverfahrens notwendig. Ihre Vertragspartner sind mit diesen Vorgängen vertraut. Häufig erhalten Sie lediglich eine neue Kundennummer für die Zeit ab Eröffnung des Insolvenzverfahrens.

Durch die öffentliche Bekanntmachung im Internet erfährt auch die Schufa von Ihrem Insolvenzverfahren und registriert dies. Dies führt zu den bekannten Schwierigkeiten und Unannehmlichkeiten. Sie werden erst einmal keine neuen Kredite erhalten und einige Angebote nicht wahrnehmen können. Dieses Schicksal ereilt Sie allerdings auch ohne Insolvenz. Zwangsvollstreckungen der Gerichtsvollzieher, ja schon geringste Zahlungsverzögerungen werden bereits von der Schufa, der Creditreform und anderen Wirtschaftsauskunftsdateien gespeichert und potentiellen Vertragspartnern mitgeteilt.

Die Eröffnung des Insolvenzverfahrens und die Aufhebung werden bei der Schufa noch bis zu DREI JAHRE danach gespeichert. Während des Restschuldbefreiungsverfahrens ist der Beschluss über die Ankündigung der Restschuldbefreiung vermerkt. Nach ERTEILUNG der RESTSCHULDBEFREIUNG speichert die Schufa die Eintragung nochmals DREI JAHRE. Erst danach gilt der Schuldner wieder als unbeschriebenes Blatt. Ähnlich verhält es sich bei privaten Auskunftsdateien wie der Creditreform.

Ob die diversen Auskunftsdateien tatsächlich auch noch bis zu drei Jahre nach Erteilung der Restschuldbefreiung diesen Umstand und das Durchlaufen eines Insolvenzverfahrens speichern dürfen, ist fraglich und unter Juristen umstritten. Denn eigentlich soll der Schuldner nach drei Jahren Insolvenz- beziehungsweise Restschuldbefreiungsverfahren ja die Restschuldbefreiung erhalten, um wirtschaftlich neu anfangen zu können. Wenn der Schuldner aber weitere drei Jahre, also insgesamt sechs Jahre wirtschaftlich blockiert ist, etwa weil er weder Kredite erhält noch Verträge problemlos schließen kann, ist wenig gewonnen. Im Rahmen des Gesetzgebungsverfahrens wurde die Verkürzung der Frist auf ein Jahr diskutiert. Auch die lange Speicherung halten Juristen für unzulässig, weil EU-Richtlinien und Vorschriften zum Datenschutz dagegenstehen. Auf absehbare Zeit dürfte sich der EuGH mit dieser Frage beschäftigen.

2. Wie kann die Information des Arbeitgebers vermieden werden?
Im eröffneten Insolvenzverfahren hat der Insolvenzverwalter die Aufgabe, die pfändbaren Bezüge des Schuldners, die er im Rahmen seines Arbeitsverhältnisses erzielt, einzuziehen. Hierfür schreibt der Insolvenzverwalter unmittelbar nach Verfahrenseröffnung den Arbeitgeber an und fordert ihn auf, die pfändbaren Bezüge auf ein eingerichtetes Anderkonto zu zahlen. Dies bedeutet für den Arbeitgeber eine Menge Verwaltungsaufwand und wird oft nicht gerne gesehen. Denn der Arbeitgeber muss jeden Monat erst einmal ausrechnen, wie viel an pfändbaren Bezügen an den Insolvenzverwalter zu überweisen sind. Wenn der Arbeitgeber von Ihrer Insolvenz während der PROBEZEIT Kenntnis erhält, machen Sie sich bei Ihrem Arbeitgeber häufig nicht nur unbeliebt, sondern dann kann

auch die Fortsetzung Ihres Arbeitsverhältnisses gefährdet sein. Zwar ist die Insolvenz des Arbeitnehmers KEIN KÜNDIGUNGSGRUND. Aber heute sind viele Arbeitsverträge befristet und der Arbeitgeber unterlässt dann einfach die Verlängerung oder versucht, den Arbeitnehmer durch illegale Methoden loszuwerden.

Noch problematischer ist die Insolvenz, wenn Sie einen neuen Arbeitsplatz suchen. Oft kommt es dann gar nicht erst zu einer Beschäftigung. Insgesamt ist die Lage für insolvente Personen in den letzten Jahren besser geworden und das Verständnis potentieller Arbeitgeber deutlich gestiegen.

TIPP:
Treffen Sie mit Ihrem Insolvenzverwalter eine Vereinbarung, die vorsieht, dass der Arbeitgeber nicht über die Insolvenz informiert wird. Ferner ist zu vereinbaren, dass Sie Ihre Lohnabrechnung monatlich vorlegen und den pfändbaren Anteil an den Insolvenzverwalter pünktlich zahlen. So vermeiden Sie Schwierigkeiten und Unannehmlichkeiten in Bezug auf Ihr Arbeitsverhältnis.

Dennoch versuchen Schuldner einen sicheren Weg zu finden. Verständlicherweise fragen sie dann den Insolvenzverwalter, ob er auf die Benachrichtigung des Arbeitgebers verzichten könne. Grundsätzlich besteht kein Anspruch darauf, aber viele Insolvenzverwalter sehen von einer Offenlegung der Insolvenz gegenüber dem Arbeitgeber ab, wenn der Schuldner im Gegenzug selbst jeden Monat nach Gehaltsauszahlung den pfändbaren Betrag ausrechnet und sofort auf das eingerichtete Anderkonto überweist. Von diesem Deal profitieren alle Beteiligten. Der Schuldner behält seine Beschäftigung und sein Einkommen, der Insolvenzverwalter erhält die pfändbaren Anteile für die Gläubiger zur Insolvenzmasse.

Wenn Sie eine Benachrichtigung des Arbeitgebers vermeiden wollen, müssen Sie dies unmittelbar nach Verfahrenseröffnung oder noch besser schriftlich bereits im Insolvenzantrag mitteilen. Ergänzend empfehle ich immer, sofort das Gespräch mit dem Insolvenzverwalter oder den für Sie zuständigen Sachbearbeiter zu suchen. Andernfalls besteht die Gefahr, dass der Arbeitgeber regelmäßig sofort nach Eröffnung des Insolvenzverfahrens informiert wird.

Wenn Sie mit dem Insolvenzverwalter eine Vereinbarung treffen konnten, versteht es sich von selbst, dass Sie auf die pünktliche Zahlung des korrekten Betrages in die Insolvenzmasse achten. Legen Sie hierzu Ihrem Insolvenzverwalter monatlich Ihre Lohn- oder Gehaltsabrechnung vor. Dies geht per E-Mail heute unkompliziert. Fragen Sie ihn, welcher Betrag seiner Ansicht nach zu zahlen ist. Dann haben Sie doppelte Gewissheit. Versäumen Sie die pünktliche Zahlung der pfändbaren Anteile an den Insolvenzverwalter, muss er Ihren Arbeitgeber doch noch informieren und das Vertrauensverhältnis ist beschädigt.

3. Vollstreckungen und Druck der Gläubiger nach Eröffnung des Insolvenzverfahrens

Für den Schuldner stellt der Druck von Gläubigern und Gerichtsvollziehern die größte psychische Belastung dar. Mit Eröffnung des Insolvenzverfahrens soll der Schuldner zur Ruhe kommen. Vollstreckungen sind von Gesetzes wegen VERBOTEN und die Gläubiger haben mit dem Insolvenzverwalter zu kommunizieren. Dennoch unternehmen Gläubiger bisweilen auch nach Eröffnung des Insolvenzverfahrens Vollstreckungsversuche. Zeigen Sie dem Gerichtsvollzieher den Eröffnungsbeschluss und bitten Sie ihn zu gehen. Er wird Sie dann nicht mehr behelligen. Erfahrungsgemäß kündigen sich Gerichtsvollzieher häufig vorher schriftlich an. Dies können Sie nutzen, um bereits vorab Kontakt aufzunehmen.

TIPP:
Es wird immer wieder zu Situationen kommen, in denen Sie den Beschluss über die Eröffnung des Insolvenzverfahrens vorzeigen müssen. Deswegen: Bewahren Sie den Eröffnungsbeschluss, wie im Übrigen auch die anderen Beschlüsse des Insolvenzgerichts, besonders gut auf und machen Sie sich Kopien hiervon.

Stellen Sie sich darauf ein, dass Sie am Anfang Ihres Insolvenzverfahrens weiterhin Zahlungsaufforderungen Ihrer Gläubiger bekommen. Klar ist, dass Sie solche Rechnungen, die Sie nach Insolvenzeröffnung begründet haben, aus dem pfändungsfreien Vermögen zahlen müssen. Keinesfalls dürfen Sie diejenigen offenen Rechnungen bezahlen, die zeitlich vor der Eröffnung der Insolvenz begründet wurden („Altverbindlichkeiten"). Dies würde eine Bevorzugung eines Ihrer Insolvenzgläubiger bedeuten und kann zur Versagung der Restschuldbefreiung führen. Stattdessen müssen Sie abgleichen, ob dieser Gläubiger, der sie nun angeschrieben hat, in der Gläubigerliste Ihres Insolvenzantrags erwähnt oder danach dem Insolvenzverwalter mitgeteilt worden ist. Ist dies nicht der Fall, müssen Sie sofort den Insolvenzverwalter über diesen weiteren Gläubiger informieren. Hierfür sollten Sie unbedingt eine Kopie der Gläubigerliste zuhause aufbewahren.

TIPP:
Auf der sicheren Seite sind Sie, wenn Sie sämtliche der eingehenden Zahlungsaufforderungen an den Insolvenzverwalter weiterleiten, bei denen klar ist, dass es sich um Altverbindlichkeiten handelt, die unter die Insolvenz fallen, also Insolvenzforderungen sind. Dies sind alle VOR Eröffnung des Verfahrens begründeten Verbindlichkeiten. Also nicht jene, die Sie selbst nach Eröffnung des Insolvenzverfahrens neu begründet haben („Neuverbindlichkeiten").

In vielen Fällen hat der Schuldner im Vorfeld der Insolvenz seine zukünftigen pfändbaren Lohnbezüge an einen Gläubiger – zum Beispiel bei einer Kreditaufnahme an die Bank – abgetreten. Häufig ist er sich dessen gar nicht bewusst, denn meistens steht die Lohn- oder Gehaltsabtretung im Kleingedruckten eines Darlehensvertrages.

Eine vorherige Abtretung ist nach Eröffnung des Insolvenzverfahrens faktisch unwirksam und daher UNBEACHTLICH. Soweit die Beträge pfändbar sind, werden sie vom Insolvenzverwalter vereinnahmt und für die gemeinschaftliche Befriedigung aller Gläubiger verwendet. Unpfändbare Beträge verbleiben dem Schuldner.

4. Kontosperrungen durch Bank oder Sparkasse – was kann ich tun?
Diese Frage betrifft fast alle Personen, die sich in einer Insolvenz befinden. Folgendes Szenario spielt sich nach Eröffnung des Insolvenzverfahrens ab: Wenn Ihr Konto überzogen ist, müssen Sie selbstverständlich auch die Bank oder Sparkasse als Insolvenzgläubiger im Insolvenzantrag aufführen. Das Geldinstitut wird dann nach Verfahrenseröffnung über Ihr Insolvenzverfahren informiert und Ihnen in der Regel das Konto fristlos kündigen. Die Einrichtung eines neuen Kontos bei einer anderen Bank oder Sparkasse ist dann mit vielen Schwierigkeiten verbunden. Die meisten Banken, die über die Insolvenz entweder über die Schufa oder über die öffentliche Bekanntmachung im Internet informiert sind, weigern sich, für eine insolvente Person ein Konto einzurichten. Den größten Erfolg werden Sie bei einem öffentlich-rechtlichen Kreditinstitut wie der SPARKASSE haben. Allerdings wird dann lediglich ein sogenanntes Guthabenkonto von der Bank gewährt. Damit sind Kontoüberziehungen nicht möglich.

Auch wenn das Konto zum Zeitpunkt der Insolvenz ein Guthaben aufweist, wird die Bank das Konto nach Kenntnis der Insolvenz sperren. So fällt der gutgeschriebene Betrag auf dem Konto in die Insolvenzmasse, über die nur noch der Insolvenzverwalter verfügen kann. Damit Sie wieder über das Konto verfügen können, ist eine „Freigabe“ des Insolvenzverwalters aus dem Insolvenzbeschlag notwendig, die gegenüber der Bank erklärt werden muss. Eine Freigabe wird der Insolvenzverwalter immer dann erklären, wenn sich auf diesem Konto zum Zeitpunkt der Freigabe lediglich ein geringes Guthaben befindet, das nicht pfändbar ist, und wenn klar ist, dass auf dieses Konto künftig nur das pfändungsfreie Einkommen eingeht. Die Freigabe wird auch erklärt, wenn der Arbeitgeber des Schuldners den gesamten Lohn auf das Konto überweist und der Schuldner dann vereinbarungsgemäß selbst den pfändbaren Anteil an den Insolvenzverwalter weiterleitet. Ein einmal freigegebenes Konto bleibt freigegeben und Gläubiger können ab Eröffnung des Insolvenzverfahrens auch in dieses Konto nicht mehr vollstrecken.

Eine Kontensperrung ist für den Schuldner besonders ärgerlich und bedrohlich, wenn gerade am Ende des Monats noch das Arbeitseinkommen überwiesen wurde und in den nächsten Tagen die Abbuchung zur Bezahlung der laufenden Miete erfolgen muss. Es ist deswegen zu raten, bereits unmittelbar nach Verfahrenseröffnung dem Insolvenzverwalter aktuelle Kontoauszüge zu zeigen und ihn zu bitten, das Konto aus dem Insolvenzbeschlag freizugeben.

Die Bedeutung des bargeldlosen Zahlungsverkehrs hat auch der Gesetzgeber erkannt und mit § 850k ZPO ein PFÄNDUNGSSCHUTZKONTO eingeführt, das sogenannte P-KONTO.

Als Kunde eines Geldinstitutes kann der Schuldner jederzeit verlangen, dass sein bisheriges „normales" Girokonto als Pfändungsschutzkonto geführt wird. Dieses Konto kann nach verbreiteter Auffassung im Fall der Insolvenz weder von dem Geldinstitut noch dem Insolvenzverwalter gekündigt werden und bleibt bestehen. Nach Urteilen einzelner Gerichte dürfen für die Führung eines P-Kontos auch keine höheren Gebühren verlangt werden als für normale Girokonten. Das P-Konto wird als reines Guthabenkonto geführt; sie haben also keinen Dispositionskredit. Bereits die Einrichtung eines P-Kontos kann und wird Auskunftsdateien wie etwa der Schufa mitgeteilt.

TIPP: Richten Sie bereits dann ein Pfändungsschutzkonto (P-Konto) ein, wenn Sie finanzielle Schwierigkeiten haben und Ihre Gläubiger vollstrecken. So ist Ihr pfändungsfreies Einkommen auch vor einer Insolvenz geschützt. Auch ein bestehendes, „normales" Konto können Sie bei Ihrem Geldinstitut in ein P-Konto umwandeln lassen.

TIPP: Gehen Sie mit einem P-Konto in die Insolvenz, dann lassen sich viele Reibereien und Probleme im Zusammenhang mit dem bargeldlosen Zahlungsverkehr vermeiden. Der Insolvenzverwalter kann auf ein P-Konto nicht zugreifen und die Bank wird das Konto nicht kündigen. Der Zahlungsverkehr läuft auch über den Tag der Eröffnung des Insolvenzverfahrens hinaus normal weiter.

5. Steuererklärung und Steuererstattungsansprüche

Im Rahmen der Mitwirkungspflichten in der Insolvenz sind Sie verpflichtet, Ihre Steuererklärung vorzubereiten und dem Insolvenzverwalter zu übergeben. Sie werden dazu regelmäßig vom Insolvenzverwalter aufgefordert. Sie müssen selbst aber keinen Steuerberater beauftragen und bezahlen und auch keine Kosten tragen. Die Steuererklärung liegt oft im Interesse der Insolvenzmasse, denn das mögliche Steuererstattungsguthaben, das in der Zeit des Insolvenzverfahrens ausgezahlt wird, gehört zur Insolvenzmasse und wird vom Insolvenzverwalter eingezogen. Hierzu schreibt er das zuständige Finanzamt unter Angabe der Steuernummer des Schuldners an und fordert mögliche Steuerguthaben auf das von ihm eingerichtete Anderkonto an.

Gerade dieses Guthaben stellt häufig den einzigen freien Vermögenswert dar, der zur Insolvenzmasse gezogen werden kann. In den Fällen, in denen das Insolvenzverfahren lediglich aufgrund einer Verfahrenskostenstundung eröffnet ist, kommt die Einziehung des Steuerguthabens dem Schuldner zugute. So werden von diesem Betrag zuerst die Verfahrenskosten beglichen. Damit reduziert sich die Forderung, die der Staat nach Ende des Entschuldungsverfahrens an den Schuldner stellt.

TIPP: Geben Sie kein Geld für teure Steuerberater aus. Von Steuererstattungen profitiert allein die Insolvenzmasse. Sie sind nur zur eigenen Mitwirkung bei der Erstellung der Erklärungen verpflichtet. Etwaige Berater muss der Insolvenzverwalter aus der Insolvenzmasse bezahlen. Dies gilt auch für Steuererklärungen für Jahre vor der Eröffnung des Insolvenzverfahrens.

Ehepaare, die durch die Splittingtabelle eine niedrigere Steuerlast tragen, sollten in jedem Fall mit ihrer Steuerklärung die Aufteilung der Steuerschuld oder des Guthabens nach § 273 Abgabenordnung beantragen. Ein einfaches Anschreiben an das Finanzamt unter Angabe der Steuernummer und von beiden Eheleuten unterschrieben genügt. Ein solcher Antrag kann wie folgt aussehen:

An das Finanzamt

....

....

Absender:

Betreff: Steuernummer .... und Steuernummer ....

Sehr geehrte Damen und Herren,

für die Steuererklärung für das Jahr .... beantragen wir die Aufteilung der

Steuerschuld/des Steuerguthabens gemäß § 273 AO.

(Unterschrift Ehemann) (Unterschrift Ehefrau)

Die Aufteilung wirkt sich — je nach Fallkonstellation — wie folgt aus:

a) Beide Ehepartner befinden sich im Insolvenzverfahren. Der Ehemann muss nachzahlen wegen Einkünften aus selbstständiger Tätigkeit, die Ehefrau hat Einkommen oder auch nicht. ERGEBNIS: Nur der Ehemann wird für die Steuerschuld in Anspruch genommen, die Ehefrau bekommt je nach Situation noch Steuern zurück und muss diesen Betrag dann aber an ihren Insolvenzverwalter beziehungsweise Treuhänder auszahlen.
b) Beide Ehepartner befinden sich im Insolvenzverfahren. Der Ehemann hat Steuerschulden, die Ehefrau nicht. ERGEBNIS: Nur der Rückzahlungsbetrag, der auf das Einkommen des Mannes entfällt, wird vom Finanzamt mit der Steuerschuld des Mannes verrechnet. Die Ehefrau bekommt ihren Anteil ausbezahlt. Da sie sich im Insolvenzverfahren befindet, wird dieser Betrag an ihren Insolvenzverwalter beziehungsweise Treuhänder ausgezahlt.
c) Der Ehemann befindet sich im Insolvenzverfahren, die Ehefrau nicht. ERGEBNIS: An die Ehefrau wird ihr Anteil ausbezahlt, nur der Anteil des Mannes wird an den Insolvenzverwalter ausbezahlt.

6. Auswirkungen auf die persönliche Lebensführung – Ehe, Familie, Wohnort & Co.

Verständlicherweise fragen sich viele, wie sich die Einleitung und spätere Eröffnung des Insolvenzverfahrens auf die Vermögensverhältnisse des Ehegatten oder eines Lebenspartners nach dem Lebenspartnerschaftsgesetz auswirkt.

HINWEIS: Die Ausführungen für Eheleute gelten vollumfänglich auch für Lebenspartner nach dem Lebenspartnerschaftsgesetz (LPartG).

In der Phase des Insolvenzeröffnungsverfahrens spielen die Vermögensverhältnisse des Ehegatten dann eine Rolle, wenn der Schuldner einen Antrag auf Verfahrenskostenstundung stellt. Grundsätzlich wird ein Insolvenzverfahren nur eröffnet, wenn ein vom späteren Insolvenzverwalter zu vereinnahmendes Vermögen vorhanden ist, das zumindest die Verfahrenskosten deckt. Hierbei handelt es sich um einen Betrag von circa 2.000 Euro. Hat der Schuldner diesen Betrag nicht zur Verfügung, kann er einen Antrag auf Stundung der Verfahrenskosten stellen. Dieser wird jedoch nur bewilligt, wenn auch der Ehegatte des Schuldners die Verfahrenskosten nicht aufbringen kann. Hintergrund ist, dass ein UNTERHALTSPFLICHTIGER EHEGATTE nach § 1360a Absatz 4 BGB auch verpflichtet ist, dem Ehepartner die Kosten eines Rechtsstreits vorzustrecken, wenn der andere nicht über die nötigen finanziellen Mittel verfügt. Diese Regelung gilt auch für die Kosten eines Insolvenzverfahrens.

Wenn das Insolvenzverfahren eröffnet ist, kommt es darauf an, in welchem Güterstand der Schuldner mit seinem Ehepartner lebt. Grundsätzlich leben Ehegatten, WENN NICHTS ANDERES VEREINBART ist, im Güterstand der ZUGEWINNGEMEINSCHAFT. Dann liegt Gütertrennung vor mit gewissen Einschränkungen, auf die hier nicht näher eingegangen werden soll. Entscheidend ist, dass in diesem gesetzlichen Regelfall das Vermögen des anderen Ehegatten vom Insolvenzverfahren nicht berührt wird. Der Ehegatte des insolventen Schuldners kann zum Beispiel weiterhin über seine Lebensversicherung, sein Sparguthaben oder seinen Pkw verfügen. Sein pfändbares Einkommen wird nicht eingezogen. Auswirkungen hat die Insolvenz des Ehegatten im Fall der Gütertrennung jedoch beim Miteigentum. Ein Beispiel hierfür wäre der jeweils zur Hälfte im Grundbuch eingetragene Miteigentumsanteil an einem Grundstück. Im Fall der Insolvenz kann dann der Anteil des insolventen Ehegatten verwertet werden und der Erlös zur Insolvenzmasse gezogen werden.

TIPP: Haben Sie keinen Ehevertrag, leben Sie im gesetzlichen Güterstand der Zugewinngemeinschaft. Die im Fall der Privatinsolvenz nachteilige Gütergemeinschaft kann dann nicht vorliegen. Die Prüfung durch einen Anwalt ist also nicht notwendig.

Ganz anders stellt sich die Situation dar, wenn die Eheleute GÜTERGEMEINSCHAFT vereinbart haben. Bei dieser – eher selten anzutreffenden – Konstellation werden die übertragbaren Vermögensgegenstände beider Ehegatten zu einem sogenannten „Gesamtgut“

zusammengeführt. Unter bestimmten Voraussetzungen kann in der Insolvenz eines Ehegatten auch das Gesamtgut – und damit auch das eingebrachte Vermögen des anderen Ehepartners – in die Insolvenzmasse fallen und vom Insolvenzverwalter verwertet werden.

Zusammenfassend ist festzustellen, dass bei der am häufigsten anzutreffenden Situation der Zugewinngemeinschaft der Ehepartner von der Insolvenz des anderen nicht betroffen ist. Selbstverständlich kann der Schuldner auch ohne nachteilige Konsequenzen nach Eröffnung des Insolvenzverfahrens heiraten. Der Ehegatte des Schuldners muss nicht befürchten, dass der Insolvenzverwalter nun mit der Hochzeit auch Zugriff auf sein pfändbares Vermögen hat. Der neue Ehepartner muss nicht für die Verbindlichkeiten seines angeheirateten Partners, die zur Insolvenz geführt haben, einstehen. Auch beim Vermögen wird im Insolvenzverfahren strikt zwischen dem der beiden Ehepartner getrennt. Der Insolvenzverwalter hat ausschließlich Zugriff auf das pfändbare Vermögen des insolventen Schuldners; egal in welchem Zeitpunkt die Ehe geschlossen wird. Erbschaften des insolventen Ehepartners fallen während des gerichtlichen Insolvenzverfahrens komplett und während der Wohlverhaltensperiode zur Hälfte in die Insolvenzmasse. Der angeheiratete Ehegatte kann dagegen über seine Erbschaft frei verfügen. Gerade in diesem Bereich kann es aber zu Berührungspunkten kommen. So besteht die Gefahr, dass im Todesfall des angeheirateten Ehegatten der insolvente Partner erbt und dieses Vermögen dann in der Insolvenz dem Insolvenzverwalter und damit den Gläubigern überlassen muss. Über diesen Weg können die Gläubiger des insolventen Erben Zugriff auf das Vermögen des angeheirateten Ehegatten bekommen. Hier kann durch entsprechende Regelungen in einem Testament der Erbfall geringgehalten werden. Bei der Steuererklärung kann es sinnvoll sein, eine Aufteilung der Steuerschuld zu beantragen (siehe hierzu Seite 76).

EIN GRUND ZU HEIRATEN?
Ehegatten schulden einander Unterhalt. Ist der Schuldner der Alleinverdiener einer Lebensgemeinschaft, so führt die mit der Ehe einhergehende Unterhaltspflicht dazu, dass der Gemeinschaft durch die in der Insolvenz zu beachtenden Pfändungsfreibeträge mehr Geld zur Verfügung steht. Bislang unverheiratete Paare sollten eine Heirat erwägen.

Die Eheschließung muss dem Insolvenzverwalter mitgeteilt werden. Hintergrund ist, dass die Eheschließung häufig mit einer Änderung des Namens und der Unterhaltspflichten einhergeht.

Sie können während des Insolvenz- beziehungsweise Restschuldbefreiungsverfahrens auch problemlos umziehen und eine Arbeit ihrer Wahl annehmen. Sie sind lediglich verpflichtet, ihre neue Anschrift oder den neuen Arbeitgeber mitzuteilen. Das bisherige Insolvenzgericht und der bisherige Insolvenzverwalter beziehungsweise Treuhänder bleiben zuständig.

Immer wieder taucht die Frage auf, wie Geldstrafen, zu denen der Schuldner vor der Insolvenz verurteilt worden ist, im Insolvenzverfahren zu behandeln sind. Viele sind der Auffassung, dass diese Strafen im Insolvenzverfahren, wie die anderen Forderungen auch, nicht mehr durchgesetzt werden können. Allerdings kann die Staatsanwaltschaft stattdessen – und dies ist auch zulässig – eine Ersatzfreiheitsstrafe bewirken. Hintergrund ist, dass Geldstrafen, die vor der Insolvenz ausgesprochen worden sind, genau wie andere Insolvenzforderungen auch, nicht mehr vollstreckt werden können. Allerdings geht es dem Staat nicht um einen Vermögensvorteil, sondern darum, auf den Verurteilten durch Strafe einzuwirken. Da dieser Strafanspruch aber aus Gründen der Gerechtigkeit auch im Insolvenzverfahren eines Schuldners durchgesetzt werden darf, kann die Ersatzfreiheitsstrafe angeordnet werden. Um es auf einen Punkt zu bringen:

Insolvenz schützt nicht vor Strafe. Entweder der Schuldner zahlt die Geldstrafe aus seinem pfändungsfreien Vermögen oder es droht Ersatzfreiheitsstrafe. Noch einleuchtender dürfte sein, dass der Schuldner erst recht Geldstrafen nach Verfahrenseröffnung aus seinem pfändungsfreien Vermögen bezahlen muss. Da zwischenzeitlich auch entschieden wurde, dass der Insolvenzverwalter vor Eröffnung des Insolvenzverfahrens gezahlte Geldstrafen zur Insolvenzmasse erstattet verlangen kann (Insolvenzanfechtung), empfiehlt es sich häufig, die Strafe nach Eröffnung des Insolvenzverfahrens aus dem pfändungsfreien Vermögen zu zahlen; nötigenfalls in kleinen Raten.

II. Was bleibt mir in der Insolvenz? – Lohn, Gehalt, Renten & Co.

„Durch eine Insolvenz verliere ich alles“. Diesen Satz habe ich im Zusammenhang mit einer Privatinsolvenz schon sehr häufig gehört. Er ist allerdings nicht ganz richtig. Selbstverständlich wird bei einer Privatinsolvenz grundsätzlich das gesamte Vermögen des Schuldners im Interesse der Gläubiger verwertet. Aber gehörte das Haus nicht ohnehin der Bank? War das Fahrzeug nicht finanziert? Schuldner sollten nicht verkennen, dass ihnen die Insolvenz wirtschaftlich betrachtet lediglich die Nutzungsmöglichkeit diverser Konsumgüter nimmt. Dem Verlust steht aber die finanzielle Freiheit und Unabhängigkeit gegenüber, die nach drei Jahren erreicht wird. Durch die Insolvenz verlieren viele nur das, was ihnen ohnehin nicht gehört.

TIPP:
Für den vermögenslosen Schuldner bedeutet dies, dass er im Rahmen des Insolvenzverfahrens genauso steht, wie außerhalb – mit dem großen Vorteil einer Chance auf Entschuldung. Als Faustformel kann gelten: Je persönlicher ein Gegenstand ist und desto mehr Aufwand seine Verwertung bedeutet, umso größer ist die Chance, den Gegenstand behalten zu können.

Und tatsächlich kann der Schuldner im Rahmen einer Privatinsolvenz auch viele Vermögensgegenstände behalten, die er zum Leben benötigt. Die Regelungen sind hier großzügiger als auf den ersten Blick ersichtlich. Dies betrifft vor allem die Themen Lohn und Gehalt, private Kranken- und Pflegeversicherungen, Altersvorsorge, Lebensversicherungen, die gesetzliche Rente und den beruflich genutzten Pkw. Insolvenzordnung und Pfändungsschutzvorschriften helfen dem Schuldner an vielen Stellen.

1. Lohn und Gehalt – wie viel bleibt mir?

Die Insolvenz ist im Kern eine Gesamtvollstreckung. Daher gelten dieselben Regeln wie in der Einzelzwangsvollstreckung. Es ändert sich also nichts im Vergleich zu der Zeit vor der Insolvenz. Oft ist es leider so, dass einzelne Gläubiger schon vor der Insolvenz in die Ansprüche gegen Ihren Arbeitgeber pfänden und Sie nur noch einen Teil ausgezahlt bekommen. Hieran ändert die Insolvenz nichts. Während Sie allerdings bei der Duldung der Zwangsvollstreckung nicht schuldenfrei werden und die Beträge oft nur ausreichen, um neue Zinsen und Kosten zu decken, führt die Insolvenz zu einem wichtigen Unterschied: Drei Jahre nach Eröffnung der Insolvenz ist endlich Schluss damit. Egal, ob Sie alle Verbindlichkeiten gezahlt haben oder nicht. Sie müssen also nicht bis an Ihr Lebensende Pfändungen hinnehmen.

Aus dem vorstehenden Grundsatz folgt, dass zunächst einmal die aus der Einzelzwangsvollstreckung bekannte PFÄNDUNGSTABELLE Anwendung findet. Die Beträge der Tabelle werden regelmäßig alle zwei Jahre angepasst. Die jeweils aktuelle Tabelle können Sie problemlos mit einer Suchmaschine im Internet finden. Dort gibt es auch verschiedene kostenlose Berechnungsprogramme.

Die Pfändungstabelle ist relativ einfach zu lesen. Links ist die Bandbreite des monatlichen NETTOEINKOMMENS angegeben. Liegt dieses Einkommen innerhalb dieser Bandbreite, zeigen die danebenstehenden Zeilen auf, wie viel an pfändbaren Beträgen unter Berücksichtigung der Unterhaltspflichten abzuführen ist.

Berechnungsbeispiel:
Verfügt die Ehefrau des Schuldners über kein eigenes Einkommen und ist ein minderjähriges Kind vorhanden, ist von einer Unterhaltspflicht gegenüber zwei Personen auszugehen. Erhält der Schuldner ein monatliches Nettoeinkommen in Höhe von 1.880 Euro, dann sind jeden Monat 4,29 Euro an pfändbaren Beträgen abzuführen. Anders ausgedrückt, stehen dem insolventen Schuldner dann im Laufe seiner Insolvenz und

während der Wohlverhaltensperiode 1.875,71 Euro für seinen Lebensunterhalt und den seiner Familie zu. Verdient der Schuldner monatlich 2.290,00 Euro und bestehen keine Unterhaltspflichten, weil der Schuldner zum Beispiel ledig ist, sind jeden Monat 777,99 Euro abzuführen. Dann muss er im Laufe seiner Insolvenz mit monatlich 1.512,01 Euro auskommen.

Problematisch ist die Berechnung des NETTOEINKOMMENS. Die Ermittlung des richtigen Betrags ist wichtig, weil dieser die Basis für die Berechnung des pfändbaren Anteils ist. Die Berechnung ist aber leider gar nicht so leicht. Deshalb passieren hier immer wieder Fehler, auch und vor allem zum Nachteil des Schuldners.

Brutto ist nicht gleich Netto. Dies können Sie bereits an Ihrer Gehalts- oder Lohnabrechnung problemlos feststellen. Abgezogen werden Steuer- und Sozialversicherungsbeiträge. Dies nimmt der Arbeitgeber in der Abrechnung in der Regel selbst vor. Dann gibt es aber noch Leistungen des Arbeitnehmers, die durch das Gesetz auch von der Pfändbarkeit ausgenommen werden. Die Regelungen hierzu finden Sie vor allem in den Paragrafen 850 bis 850e der Zivilprozessordnung (ZPO). Die Vorschriften werden durch § 36 InsO für anwendbar erklärt. Für Selbstständige oder Rentner, die kein Arbeitseinkommen haben, ist § 850i ZPO die entscheidende Norm

Wichtig ist, dass das Nettoeinkommen richtig berechnet wird.

In § 850a ZPO können Sie ablesen, welche Bezüge in jedem Fall unpfändbar sind, also bei der BERECHNUNG des pfändbaren NETTOEINKOMMENS ABGEZOGEN werden müssen. Dies sind vereinfacht gesagt:

- 50 Prozent der Bruttobezüge für geleistete Überstunden;
- Urlaubsgeld, soweit der Rahmen des Üblichen nicht überschritten wird;
- sonstige Zuwendungen aus Anlass eines besonderen Betriebsereignisses oder Treugelder, soweit der Rahmen des Üblichen nicht überschritten wird;
- Abgeltung für nicht genommenen Urlaub;
- Aufwandsentschädigungen wie zum Beispiel Reisekostenvergütung;
- Gefahrenzulagen, Schmutz- und Erschwerniszulagen;
- Weihnachtsgeld bis zur Hälfte des monatlichen Bruttoarbeitseinkommens, höchstens jedoch 500 Euro;

- Leistungen aus sozialen Gründen, wie zum Beispiel Erziehungsgelder, Studienbeihilfen und ähnliche Bezüge; Sterbe- und Gnadenbezüge; Blindenzulagen.

DANEBEN sind gemäß § 850b ZPO grundsätzlich auch unpfändbar und daher bei der Berechnung des pfändbaren Nettoeinkommens abzuziehen:

- Renten, die wegen einer Verletzung des Körpers oder der Gesundheit gezahlt werden;
- Unterhaltsrenten, die auf gesetzlicher Vorschrift beruhen, sowie die wegen der Entziehung einer solchen Forderung zu entrichtenden Renten;
- Einkünfte, die ein Schuldner aus Stiftungen oder sonst aufgrund der Fürsorge und Freigebigkeit eines Dritten oder aufgrund eines Altenteils oder Auszugsvertrags bezieht;
- Bezüge aus Witwen-, Waisen-, Hilfs- und Krankenkassen, die ausschließlich oder zu einem wesentlichen Teil zu Unterstützungszwecken gewährt werden, ferner Ansprüche aus Lebensversicherungen, die nur auf den Todesfall des Versicherungsnehmers abgeschlossen sind, wenn die Versicherungssumme 3.579 Euro nicht übersteigt.

Die in § 850b ZPO genannten Beträge unterliegen nur ausnahmsweise der Vollstreckung. Neben der im Fall der Insolvenz vorliegenden Nichtbefriedigung aller Gläubigerforderungen ist zudem die Billigkeit der Vollstreckung erforderlich. Dies bedeutet vereinfacht, die Einbeziehung der Beträge muss unter Berücksichtigung der Umstände des Einzelfalls fair und angemessen sein.

Mehrere Arbeitseinkommen des Schuldners werden zusammengerechnet. Dasselbe gilt bei Krankengeld und einem Arbeitgeberzuschuss. Die Unterhaltspflicht wird nur berücksichtigt, wenn der Schuldner auch tatsächlich Unterhalt zahlt. Hat er zum Beispiel ein uneheliches Kind, das bei der Mutter lebt, dann wird diese Unterhaltspflicht nur berücksichtigt, wenn der Schuldner nachweisen kann, dass er jeden Monat Unterhalt für sein Kind zahlt.

2. Abfindungen

Einigen Arbeitnehmern wird vom Arbeitgeber für den Verlust des Arbeitsplatzes eine Abfindung gezahlt. Dies kann im Rahmen eines Aufhebungsvertrages zwischen dem Arbeitnehmer und seinem Arbeitgeber vereinbart sein. Häufig kommt es auch zu einer außergerichtlichen Verständigung oder einem Vergleich vor dem Arbeitsgericht, der eine

Abfindung vorsieht. Meistens handelt es sich hier um eine Einmalzahlung eines beachtlichen Betrages. Falls sich der Arbeitnehmer in einem Insolvenzverfahren befindet, hat das erhebliche Konsequenzen für ihn. So ist er in jedem Fall verpflichtet, dies seinem Insolvenzverwalter zu melden. Hierbei spielt es keine Rolle, ob die Abfindung vor Eröffnung des Insolvenzverfahrens vereinbart worden ist und die Auszahlung noch aussteht oder während des Insolvenzverfahrens vereinbart wird.

Damit ist es aber nicht getan. Der Arbeitnehmer muss akzeptieren, dass die Abfindung grundsätzlich der Insolvenzmasse zusteht. Mit anderen Worten: Der Betrag wird auf das vom Insolvenzverwalter eingerichtete Anderkonto überwiesen und der Schuldner geht leer aus. Hintergrund ist folgender:

Damit es überhaupt zu einer Insolvenzeröffnung kommt, muss der Schuldner seine pfändbaren Bezüge aus jedem Dienstverhältnis oder an deren Stelle tretende laufende Bezüge an den Treuhänder abgetreten haben. Hierunter fallen auch Abfindungen.

Allerdings gibt es eine Möglichkeit, zumindest einen Teil der Abfindung zu retten. Hierfür muss der Schuldner bei seinem zuständigen Insolvenzgericht beantragen, ihm so viel zu belassen, wie er während eines angemessenen Zeitraums für seinen notwendigen Unterhalt und den seiner unterhaltsberechtigten Personen bedarf. Diese Möglichkeit wird ihm nach § 850i ZPO gewährt.

Das Schreiben ist an das Insolvenzgericht zu richten, das für das betroffene Insolvenzverfahren zuständig ist. In jedem Fall ist das entsprechende Aktenzeichen im Betreff anzugeben. Es ergibt sich aus dem Beschluss über die Eröffnung des Insolvenzverfahrens (siehe Seite 28 f.)

Im Schreiben sollte kurz geschildert werden, dass eine Abfindung mit dem Arbeitgeber vereinbart beziehungsweise erfolgt ist. Die Vereinbarung sollte beigefügt werden. Danach ist kurz darzulegen, gegenüber wie vielen Personen der Schuldner unterhaltspflichtig ist. Hier sind Ausführungen zu seinen Familienverhältnissen (verheiratet, geschieden oder getrennt lebend, Anzahl und Alter der Kinder) notwendig. Weiterhin muss das Gericht abschätzen, wann und in welcher Höhe dem Schuldner wieder Einkünfte zufließen werden. Falls Umstände vorliegen, die dafür sprechen, dass in nächster Zeit nicht mit einer neuen Arbeitsstelle zu rechnen ist, sollte das unbedingt im Antrag vorgetragen werden. Hierbei kann es sich zum Beispiel um Krankheiten handeln. Falls der Antragsteller bereits Arbeitslosenunterstützung erhält, wird dies auf den vom

Gericht festzusetzenden Freibetrag angerechnet und vermindert den an die Insolvenzmasse abzuführenden Betrag entsprechend. Andererseits folgt häufig eine Sperrzeit beim Arbeitslosengeld, wenn der Arbeitnehmer seinen Arbeitsplatz gegen Zahlung seiner Abfindung freiwillig aufgibt. Insofern sollte auch zu diesem Sachverhalt vorgetragen werden.

Die vom Gericht festzusetzende Höhe des Freibetrages, der dem Schuldner zusteht, hängt vom Einzelfall ab. Insofern ist entscheidend, was der Schuldner in seinem Antrag vorträgt.

3. Elterngeld

Der Gesetzgeber hat hierzu bestimmt, dass ein Anteil in Höhe von 300 Euro pro Kind grundsätzlich nicht pfändbar ist.

Der darüber hinausgehende Betrag ist wie ein Arbeitseinkommen pfändbar. Hier ist dann auch der dem Schuldner zustehende Pfändungsfreibetrag (siehe Seite 80 ff.) zu berücksichtigen.

BEISPIEL 1:

Nach Eröffnung des Insolvenzverfahrens bringt die Schuldnerin ein Kind zur Welt. Sie erhält Elterngeld in Höhe von 1.800 Euro. Hiervon bleiben 300 Euro als unpfändbarer Betrag unberücksichtigt. Bei den restlichen 1.500 Euro ist die Pfändungstabelle heranzuziehen. Da ihr Ehemann über eigenes Einkommen verfügt und die Frau bisher kinderlos war, ist die Mutter lediglich gegenüber einer Person (ihrem neugeborenen Kind) unterhaltspflichtig.

Aus der Pfändungstabelle ergibt sich, dass der Insolvenzverwalter vom erhaltenen Elterngeld der Schuldnerin jeden Monat den pfändbaren Anteil in Höhe 72,05 Euro vereinnahmt. Der Restbetrag, also 1.727,95 Euro, steht der Schuldnerin zu.

BEISPIEL 2:

Die insolvente Mutter erhält Elterngeld in Höhe von 1.500 Euro. Sie hat ein Kind zur Welt gebracht. Der unpfändbare Betrag beträgt dann 300 Euro. Bei dem darüber hinausgehenden Betrag in Höhe von 1.200 Euro ist die Pfändungstabelle zu berücksichtigen. Da sie gegenüber einer Person (dem neugeborenen Kind) unterhaltspflichtig ist, ist gemäß der Pfändungstabelle kein pfändbarer Betrag gegeben. Das volle Elterngeld in Höhe von 1.500 Euro steht der Mutter zu.

Die Beispiele zeigen, dass in den weitaus häufigsten Fällen das volle Elterngeld auch in der Insolvenz dem anspruchsberechtigten Elternteil zusteht. In ganz wenigen Ausnahmen kann es dazu kommen, dass pfändbare Beträge an den Insolvenzverwalter abgeführt werden müssen. Falls dies der Fall sein sollte, wird dies über die Auszahlungsstelle erfolgen. Insofern ist es wichtig, dass Sie Ihren Insolvenzverwalter über den Erhalt von Elterngeld informieren. Er wird dann gegebenenfalls die Auszahlungsstelle anschreiben und die pfändbaren Beträge anfordern.

4. Private Kranken- und Pflegeversicherung

Dieses Thema ist dank der Rechtsprechung der letzten Jahre kein Problem mehr. Die Gerichte haben jeden Zugriff auf die Versicherung unterbunden und zahlreiche Streitfragen im Sinne des Schuldners und der Versicherungsgemeinschaft gelöst.

Die private Krankenversicherung ist ebenso wie die private Pflegeversicherung ein INSOLVENZFREIES SCHULDVERHÄLTNIS. Der Insolvenzverwalter kann die Versicherung NICHT KÜNDIGEN und auch nicht über die Prämien verfügen. Ansprüche des Schuldners gegen die Versicherung, zum Beispiel auf Ersatz von Heilbehandlungskosten, stehen dem Schuldner zu. Der Bundesgerichtshof hat hier seine Rechtsprechung geändert. Wundern Sie sich also nicht, wenn Ihr Insolvenzverwalter etwas anderes mitteilt. Die Versicherungen sind insolvenzfrei, auch wenn Ehepartner oder Kinder mitversichert sind.

Beitragsrückstände aus der Zeit vor Eröffnung des Insolvenzverfahrens muss die Versicherung – wie jeder andere Gläubiger auch – zur Insolvenztabelle anmelden.

Ist der Schuldner hilfebedürftig im Sinne des SGB II („Hartz 4") oder SGB XII, zahlt der Sozialleistungsträger die Versicherungsprämien unmittelbar an den Versicherer und der Schuldner behält seinen Versicherungsschutz.

Sind Prämien offen und besteht kein Anspruch auf staatliche Unterstützung, befindet sich der Schuldner im sogenannten Notlagentarif. Dieser ist geringer, in der Regel 125 Euro im Monat, sodass die Beitragsschulden im Idealfall abgebaut werden können. Ist alles ausgeglichen, wechselt der Schuldner wieder in den vorherigen, normalen Tarif.

Während der Zeit im Notlagentarif werden nur Aufwendungen für Leistungen erstattet, die zur Behandlung akuter Erkrankungen und Schmerzzustände sowie bei Schwangerschaft und Mutterschaft erforderlich sind, bei Kindern und Jugendlichen auch Aufwendungen für Vorsorgeuntersuchungen und Schutzimpfungen.

5. Altersvorsorge – Betriebsrente, Riester, Rürup und die Lebensversicherung

Eine immer größere Bedeutung hat die private Altersvorsorge. Die Versicherungswirtschaft hat mit Unterstützung der Politik in den letzten Jahren zahlreiche Modelle entwickelt, die unter der Bezeichnung „RIESTER-RENTE“, „RÜRUP-RENTE“ und anderen Bezeichnungen laufen. Der auch im Fall der Insolvenz maßgebliche Pfändungsschutz im Zusammenhang mit Altersvorsorge und Altersrenten ist in den §§ 851c und 851d ZPO geregelt.

Für die private Altersvorsorge hat die KAPITALBILDENDE PRIVATE LEBENSVERSICHERUNG immer noch eine hohe Bedeutung. Der Umfang des Pfändungsschutzes ist in § 851c Absatz 1 ZPO so kompliziert geregelt, dass stets eine Einzelfallprüfung erforderlich ist. Erhält der Schuldner bereits Bezüge aus dem Lebensversicherungsvertrag, so sind diese nach § 851c Absatz 1 ZPO wie Arbeitseinkommen pfändbar. Das während der Vertragslaufzeit angesammelte sogenannte Deckungskapital der Versicherung wird geschützt, wenn sämtliche der folgenden Voraussetzungen gegeben sind:

- Die Versicherungsleistung wird in regelmäßigen Zeitabständen lebenslang und nicht vor Vollendung des 60. Lebensjahrs gewährt.
- Über die Ansprüche aus dem Versicherungsvertrag darf der Versicherungsnehmer nicht verfügen.
- Die Bestimmung eines Dritten als Bezugsberechtigten ist ausgeschlossen, soweit es sich nicht um Hinterbliebene handelt.
- Die Zahlung einer Kapitalleistung, ausgenommen für den Todesfall, wurde nicht vereinbart; es darf also keine Einmalzahlung für den Versicherungsnehmer vorgesehen sein, sondern nur die Gewährung regelmäßiger Bezüge, gleich einer Rente. Eine Ausnahme macht der Gesetzgeber für den Todesfall. Zu deren Schutz soll die Auszahlung eines Einmalbetrages möglich sein.

Tipp:
Viele Versicherungsverträge werden diese Voraussetzungen erfüllen. Gleichwohl empfiehlt sich eine vorherige Prüfung, um keine bösen ÜBERRASCHUNGEN zu erleben. Jeder Versicherungsnehmer hat die Möglichkeit, Verträge, die diese Voraussetzungen nicht erfüllen, entsprechend umwandeln zu lassen. Hiervon sollte jedenfalls rechtzeitig vor Eröffnung eines Insolvenzverfahrens Gebrauch gemacht werden.

Insolvenzverwalter versuchen gelegentlich eine Umwandlung im Wege der sogenannten Insolvenzanfechtung rückgängig zu machen.

Liegen diese Voraussetzungen vor, ist die Prüfung noch NICHT beendet. Der Versicherungsnehmer kann lediglich bis zu einem jährlichen Höchstbetrag Beträge ansammeln, die unpfändbar sind. Der Höchstbetrag ist nach Lebensalter gestaffelt und wird von dem Gesetzgeber regelmäßig angepasst. Dies macht es erforderlich, das Gesetz auf etwaige Anpassungen hin zu prüfen. So ist im Alter von 18 bis zum vollendeten 29. Lebensjahr ein Betrag von jährlich 2.000 Euro geschützt, im Alter von 54 bis zum vollendeten 59. Lebensjahr ein Betrag von jährlich 8.000 Euro. Diese jährlichen Beträge können bis zu einer Gesamtsumme von 256.000 Euro gesammelt werden. Übersteigt der Rückkaufswert diesen Betrag, sind 7/10 pfändbar und 3/10 unpfändbar. Ein Teil bleibt dem Schuldner also auch von diesem Betrag erhalten. Der Teil des Rückkaufswertes, der den dreifachen Wert des Betrages von 256.000 Euro übersteigt, ist hingegen voll pfändbar. An dieser komplizierten Regelung wird der Wille des Gesetzgebers sichtbar, einen angemessenen Ausgleich zwischen den Interessen des Schuldners und der Gläubiger herzustellen.

Zu beachten ist aber, dass der Schuldner diese Beträge aus seinen pfändungsfreien Einkünften ansammeln muss, der Pfändungsfreibetrag zwecks „Ansammeln" also NICHT erhöht wird. Geschützt werden nur die angesammelten Beträge.

Beträge und Verträge, die nicht geschützt sind, fallen in die Insolvenzmasse und werden vom Insolvenzverwalter verwertet. Neben dem Verlust der bisher aufgebauten Altersvorsorge ist dies auch unter wirtschaftlichen Gesichtspunkten ärgerlich. Durch die vorzeitige Kündigung wird in den meisten Fällen ein Rückkaufswert ausgezahlt, der nicht annähernd den bisher eingezahlten Beiträgen entspricht. Bei geringen Rückkaufswerten bietet sich eine wirtschaftlich sinnvollere Möglichkeit an. Danach muss der Schuldner den aktuellen Rückkaufswert der Lebensversicherung an die Insolvenzmasse aus seinem pfändungsfreien Vermögen bezahlen. Nach Eingang des Betrages gibt der Insolvenzverwalter die Lebensversicherung an den Schuldner „frei". Danach steht die Lebensversicherung mit dem entsprechenden Wert wieder dem Schuldner zu. Er kann diese Versicherung dann weiterführen und dadurch für sein Rentenalter vorsorgen.

Sowohl die RÜRUP-RENTE als auch die RIESTER-RENTE unterliegen dem PFÄNDUNGSSCHUTZ. Damit können die angesparten Vermögenswerte auch im Falle einer Insolvenz nicht aufgelöst und zur Insolvenzmasse eingezogen werden. Zu beachten ist, dass vereinzelt entschieden wurde, dass die Beantragung der staatlichen Förderung Voraussetzung für den Pfändungsschutz sei. Um insoweit sicher zu gehen und um die Förderung nicht zu verschenken, sollte diese unverzüglich beantragt werden.

Bei der BETRIEBLICHEN ALTERSVORSORGE können dem Arbeitnehmer vom Arbeitgeber aus Anlass des Arbeitsverhältnisses Leistungen zur Alters-, Invaliditäts- oder Hinterbliebenenversorgung zugesagt werden. Die Durchführung erfolgt durch eine Direktzusage oder eine Direktversicherung über den Arbeitgeber, eine Pensionskasse, eine Unterstützungskasse oder einen Pensionsfond.

Im Falle der Insolvenz ist zwischen der ANSPARPHASE (der Zeitraum, in dem Beiträge durch den Arbeitgeber geleistet werden) und der AUSZAHLUNGSPHASE (die Altersvorsorge wird nach Eintritt des Versorgungsfalles an den Arbeitnehmer ausgezahlt) zu unterscheiden. Während der Ansparphase können die vom Arbeitgeber zugunsten des Arbeitnehmers geleisteten Beiträge nicht vom Insolvenzverwalter des Arbeitnehmers vereinnahmt werden. Im Versorgungsfall wird dies anders beurteilt. Wenn die betriebliche Altersversorgung an den insolventen ehemaligen Arbeitnehmer aufgrund seines Rentenalters ausgezahlt wird, gilt diese Leistung als „Arbeitseinkommen“. Die Auszahlung kann nun vom Insolvenzverwalter vereinnahmt werden. Allerdings ist auch hier der Pfändungsfreibetrag zu berücksichtigen, der dem Schuldner zusteht.

Wenn das Rentenalter erreicht ist, werden RENTEN vom Insolvenzverwalter in dem Umfang eingezogen, wie dies beim Arbeitseinkommen der Fall ist. Insofern verbleibt dem Schuldner ein sogenannter Pfändungsfreibetrag. Die individuelle Höhe dieses Betrages ergibt sich aus der Pfändungstabelle (siehe Seite 80 ff.).

6. Die Mietwohnung

Die Insolvenz des Schuldners führt NICHT dazu, dass der Insolvenzverwalter die privat genutzte Mietwohnung des Schuldners kündigen kann. Der Mietvertrag gilt trotz der Eröffnung des Insolvenzverfahrens weiter fort.

§ 112 Nummer 1 InsO vermittelt dem Schuldner sogar einen besonderen KÜNDIGUNGSSCHUTZ. Eine mietrechtlich außerhalb der Insolvenz zulässige Kündigung wegen Mietrückstand ist ab dem INSOLVENZANTRAG, also nicht erst ab der Eröffnung des Insolvenzverfahrens, unzulässig und gilt als nichtig, soweit die zur Begründung der Kündigung herangezogenen Mietrückstände vor dem Insolvenzantrag entstanden sind.

Dies gilt selbst dann, wenn der Insolvenzverwalter die Kündigung des Vermieters bestätigt. Hieraus folgt auch, dass der Schuldner darauf achten muss, dass er die Miete für seine Wohnung für den Zeitraum nach dem Insolvenzantrag zahlen muss, wenn er eine Kündigung vermeiden möchte. Dass die Insolvenz selbst kein Kündigungsgrund ist, hält § 112 Nummer 2 InsO fest.

Die Sache hat allerdings einen Haken: Nach einer hochumstrittenen Grundsatzentscheidung des für das Mietrecht zuständigen Zivilsenats des BGH aus dem Jahr 2015 endet der besondere Kündigungsschutz zugunsten des Schuldners mit der sogenannten ENTHAFTUNGSERKLÄRUNG nach § 109 Absatz 1 Satz 2 InsO. Die Enthaftungserklärung entfaltet auch im Übrigen tiefgreifende Wirkungen und bedarf sogleich der Erklärung. Wichtig ist aber zunächst, dass der Schuldner sich darüber im Klaren sein muss, dass er de facto sämtliche Mietrückstände begleichen muss, wenn er seine Wohnung behalten möchte. Nötigenfalls muss er Rückstände aus seinem pfändungsfreien Vermögen, das ihm auch während des Insolvenzverfahren bleibt, in Raten abtragen oder bei drohender Wohnungslosigkeit ein Darlehen der Sozialbehörde beantragen. Aufmerksame Leser werden feststellen, dass der Vermieter hier tatsächlich gegenüber anderen Gläubigern bevorzugt wird. Kurioserweise kann der Schuldner auch nicht kurz vor der Insolvenz einfach bestehende Rückstände beim Vermieter begleichen. Denn der Insolvenzverwalter kann diese Zahlungen im Wege der Insolvenzanfechtung rückgängig machen (hierzu Seite 133 ff.). Dies ist aus insolvenzrechtlicher Sicht konsequent, weil die Insolvenzordnung alle Gläubiger gleich (schlecht) behandeln möchte. Die Rechtsprechung des Mietrechtsenats hat den Schuldner in Bezug auf seine Wohnung in eine schwierige Lage gebracht, die sich nur mithilfe eines geschickten Handelns, einem Entgegenkommen des Vermieters oder Unterstützung der Sozialbehörde lösen lässt.

Der Schuldner muss ferner wissen, dass der Insolvenzverwalter seinen Vermieter anschreiben, über die Insolvenz informieren und eine auf den ersten Blick seltsame Erklärung abgeben wird, wonach Ansprüche, die nach Ablauf einer Frist von drei Monaten zum Monatsende fällig werden, nicht im Insolvenzverfahren geltend gemacht werden können. Er nimmt hierbei auf § 109 Absatz 1 Satz 2 InsO Bezug; es handelt sich um die vorgenannte ENTHAFTUNGSERKLÄRUNG.

Die gesetzliche Regelung hierzu ist etwas missverständlich. Einerseits soll der Insolvenzverwalter alle Mietverhältnisse kündigen können, bei denen das Mietobjekt für die Insolvenzmasse nicht benötigt wird. Denn ohne die Kündigung sind alle Mieten ab Eröffnung des Insolvenzverfahrens Masseverbindlichkeiten. Deren Ausgleich schmälert die Insolvenzquote für alle Gläubiger und ist deshalb zu vermeiden. Wird ein Unternehmen nicht fortgeführt, ist die Kündigung der Betriebsimmobilie konsequent. Nun würde es aber einem wirtschaftlichen Neuanfang des Schuldners entgegenstehen, wenn der Insolvenzverwalter den Mietvertrag für seine privat genutzte Wohnung kündigt und dieser dadurch obdachlos würde oder gar einen neuen Mietvertrag zu schlechteren Konditionen schließen müsste. Aus diesem Grund hat der Gesetzgeber die vorgenannte ENTHAFTUNGSERKLÄRUNG in das Gesetz aufgenommen, um deren Inhalt und Auswirkungen es lange Zeit viel Streit gab. Heute sind viele Streitfragen gelöst, allerdings bleibt es kompliziert.

Der Bundesgerichtshof stellte im Jahr 2014 durch eine ganze Reihe von Entscheidungen klar, dass die Enthaftungserklärung eine FREIGABEÄHNLICHE WIRKUNG hat und eine Überleitung des gesamten Mietverhältnisses von der Insolvenzmasse auf den Schuldner bewirkt. Es verhält sich also ähnliche wie bei der Freigabe der selbstständigen Tätigkeit (hierzu Seite 97 ff.). Konsequenterweise sind damit nach Ablauf der Frist von drei Monaten – sofern mietvertraglich oder zivilrechtlich keine kürzere Kündigungsfrist gilt – sämtliche Erklärungen in Bezug auf das Mietverhältnis wieder zwischen Vermieter und Mieter vorzunehmen. Dies betrifft zum Beispiel Abmahnungen, Kündigungen, Mieterhöhungsverlangen oder Betriebskostenabrechnungen.

Etwas kompliziert ist die Frage nach etwaigen Ansprüchen des Vermieters. Auch nach der Freigabe des Mietverhältnisses bleiben vor der Eröffnung begründete Forderungen des Vermieters Insolvenzforderungen und können nur zur Insolvenztabelle angemeldet werden. In der Zeit von der Eröffnung bis zum Wirksamwerden der ENTHAFTUNGSERKLÄRUNG entsteht ein Anspruch gegen die Insolvenzmasse und ab dem Wirksamwerden können dann neue Ansprüche nur gegen den Schuldner als Mieter geltend gemacht werden. Die Forderungen werden de jure dreigeteilt. De facto wird der Schuldner im Hinblick auf die Kündigungsmöglichkeiten des Vermieters dafür Sorge tragen, dass sämtliche Mietrückstände ausgeglichen sind. Und zwar auch solche, die eigentlich Masseverbindlichkeiten sind. Nämlich dann, wenn die Insolvenzmasse nicht ausreicht, um diese Verbindlichkeiten zu begleichen. Der Grund ist einfach: die oben aufgezeigte drohende Kündigungsmöglichkeit. Mindestens nervig ist die Insolvenz auch für den Vermieter. Ansprüche auf Beseitigung von Mängeln und Schönheitsreparaturen sind Insolvenzforderungen. Ungeklärt ist, ob der Vermieter zur Abmahnung berechtigt bleibt und dann gegebenenfalls ebenfalls kündigen kann. Der Insolvenzverwalter wird von dem Vermieter jedenfalls eine dreigeteilte Nebenkostenabrechnung verlangen, um so ein eventuelles Guthaben zur Insolvenzmasse ziehen zu können.

Beispiel Nebenkostenabrechnung:
Wurde beispielsweise die Insolvenz am 1.9.2020 eröffnet, dann muss über die Nebenkosten für den Zeitraum 1.1.2020 bis 1.9.2020 abgerechnet werden. Die verbrauchsintensive Heizperiode November und Dezember 2020 fällt heraus, sodass ein Guthaben möglich ist. Wenn der Insolvenzverwalter sehr genau ist, wird er auch für die drei Monate bis zur Wirkung der Enthaftungserklärung eine gesonderte Abrechnung verlangen. Da die Eröffnung des Insolvenzverfahrens erst am 1.9.2020 erfolgt ist und es keine Karenzregelung gibt, also drei volle Monate zu berücksichtigen sind, entfaltet die Enthaftungserklärung erst mit Ablauf des 31.12.2020 Wirkung. Die Monate September bis einschließlich Dezember 2020 gehen zulasten der Insolvenzmasse. Kann diese nicht zahlen, muss der Schuldner im Interesse der Vermeidung einer Kündigung einspringen.

Gut für den Schuldner ist, dass die beschriebene Rechtslage zumindest dazu führt, dass der Vermieter die Kaution behalten und der Insolvenzverwalter NICHT etwa den Kautionsrückzahlungsanspruch zur Insolvenzmasse ziehen kann. Weil dies in der Vergangenheit anders gesehen wurde, musste der Schuldner die Kaution oft doppelt leisten. Hier hat der Bundesgerichtshof im Jahr 2017 klargestellt, dass die Mietkaution aufgrund der Enthaftungserklärung nicht dem Insolvenzbeschlag unterliegt.

7. Was passiert mit Verträgen in der Insolvenz? – Fortsetzung oder Kündigung?

Im Zusammenhang mit der privat genutzten Mietwohnung stellen sich auch Fragen zum Umgang mit den Energieversorgern. Strom und Gas benötigt der Schuldner auch nach Eröffnung des Insolvenzverfahrens. An dieser Stelle muss auf eine weitere EXTREM KOMPLIZIERTE REGELUNG des Insolvenzrechts eingegangen werden: die Beendigung von Verträgen aus Anlass der Insolvenz. Die Regelungen hierzu sind vielleicht noch unverständlicher als die Struktur des Verfahrens selbst.

Grundsätzlich werden trotz Eröffnung des Insolvenzverfahrens ALLE VERTRÄGE UNVERÄNDERT FORTGESETZT. ABER:

1. Der Vertragspartner des Schuldners kann nicht, der Insolvenzverwalter kann, muss aber nicht sämtliche von dem Schuldner begründete Verträge nach Eröffnung des Insolvenzverfahrens beenden.
2. Der Insolvenzverwalter wird in der Regel alle Verträge beenden, die in die Insolvenzmasse fallen.
3. Eine Reihe von Verträgen fallen nicht in die Insolvenzmasse; der Insolvenzverwalter hat hier vereinfacht gesagt keine Zuständigkeit.
4. Die Beendigung der Verträge erfolgt entweder durch die sogenannte Nichterfüllungswahl nach § 103 InsO oder durch eine Kündigung derjenigen Schuldverhältnisse, die nach den §§ 108 ff. InsO durch eine Kündigung beendet werden müssen. Die rechtsdogmatischen Details hierzu sind sehr umstritten. Für die besonders relevanten Versorgungsverträge (Gas, Wasser, Strom) gilt in der Regel, dass der Insolvenzverwalter die Nichterfüllung wählt, der alte Vertrag also vereinfacht gesagt beendet wird. Beliefert der Versorger den Schuldner dann trotzdem weiter, liegt hierin ein Angebot an den Schuldner auf Abschluss eines neuen Vertrages, das der Schuldner durch die Entgegennahme der Leistung annimmt.

Der Insolvenzverwalter wird alle Verträge beenden, da er andernfalls die Pflichten aus den Verträgen aus der Insolvenzmasse erfüllen muss, die eigentlich für die Befriedigung der Altgläubiger, der sogenannten Insolvenzgläubiger gedacht ist. Je mehr neue Verbindlichkeiten nach Eröffnung des Insolvenzverfahrens begründet werden, desto weniger Geld ist für die Insolvenzgläubiger da. Zudem haftet der Insolvenzverwalter den Insolvenzgläubigern persönlich, wenn er Beendigungsmöglichkeiten versäumt. Reicht die Insolvenzmasse zum Ausgleich der neuen Verbindlichkeiten, der sogenannten Masseverbindlichkeiten, nicht aus, haftet er auch diesen Gläubigern persönlich. Und noch einen Vorteil hat die Beendigung für den Insolvenzverwalter und die Gläubiger. Hat der Schuldner Vorauszahlungen geleistet und entsteht ein Guthaben, fällt dieses in die Insolvenzmasse.

Der Schuldner kann durch den Insolvenzverwalter beendete Verträge de jure nicht fortsetzen. Rein tatsächlich passiert das aber in der Praxis immer wieder. Der Schuldner „übernimmt“ den bisherigen Vertrag. Aus juristischer Sicht wäre die tatsächliche Schuldübernahme ein Problem, weil dann der Schuldner auch wieder für die Altverbindlichkeiten persönlich haften könnte. Die Parteien – und so ist ihr Handeln auszulegen – machen tatsächlich aber etwas anderes. Sie schließen einen neuen Vertrag mit denselben Konditionen. So kann zum Beispiel auch die bisherige Telefonnummer „mitgenommen" werden. Der Schuldner erhält meist eine neue Kundennummer.

Tipp:
Da der Insolvenzverwalter alle Verträge kündigen wird, die nur dem Schuldner, aber nicht der Mehrung der Insolvenzmasse dienen, sollte der Schuldner rechtzeitig diejenigen Vertragspartner ansprechen und über die Eröffnung des Insolvenzverfahrens informieren, deren Leistungen er auch künftig in Anspruch nehmen möchte. Selbstverständlich ist die Insolvenz eine gute Möglichkeit, überflüssige und teure Verträge loszuwerden. Suchen Sie sich einen neuen Mobilfunk- oder Internetanbieter, einen neuen Strom- und Gasversorger etc.

Komplikationen entstehen vor allem dann, wenn der Insolvenzverwalter Verträge beendet, ohne den Schuldner zu informieren.

Die geschilderte Regelung hat noch eine WEITERE SCHWIERIGKEIT. Es gibt Verträge, die nicht Teil der Insolvenzmasse und damit auch nicht Teil der Verwaltungs- und Verfügungsbefugnis des Insolvenzverwalters sein sollen. Dabei handelt es sich um sogenannte INSOLVENZFREIE VERTRÄGE. Diese entstehen zum einen durch die FREIGABE EINER SELBSTSTÄNDIGEN TÄTIGKEIT (siehe Seite 98 ff.) oder durch die ENTHAFTUNGSERKLÄRUNG bei privaten Mietverhältnissen (siehe Seite 88 ff.) und zum anderen durch eine Rechtsfortbildung der Rechtsprechung. Als Beispiel wurde vorstehend die private Kranken- und Pflegeversicherung genannt. Anknüpfungspunkt für die Insolvenzfreiheit von Verträgen ist der Pfändungsschutz. Was nicht Teil der Insolvenzmasse ist, unterliegt auch nicht der Verwaltungs- und Verfügungsbefugnis des Insolvenzverwalters. Gleiches soll – durchaus logisch – für Verträge gelten, die den privaten oder nicht pfändbaren Bereich des Schuldners betreffen. Die Schwierigkeit besteht darin zu ermitteln, auf welche Verträge dies zutrifft.

8. Weitere Einzelfragen – Neuvermögen, Pkw, Lottogewinn, Erbschaften

Die Erlöse aus der Verwertung sämtlicher geldwerten Güter werden an die Gläubiger verteilt. Bestehen bestimmte Sicherungsrechte an Gegenständen, wie zum Beispiel eine Grundschuld an einem dem Schuldner gehörenden Grundstück, ist dies auch im Insolvenzverfahren zu beachten. Viele Schuldner wohnen in einer Mietwohnung, die Einrichtungsgegenstände sind nicht pfändbar, ein Pkw ist nicht vorhanden und es bestehen weder Lebensversicherungen noch sonstige Bauspar- oder

Sparguthaben. In diesem Fall stellen mögliche pfändbare Beträge des monatlichen Nettoeinkommens und ein mögliches Steuererstattungsguthaben in der Regel das einzige Vermögen dar, das vom Insolvenzverwalter vereinnahmt werden kann.

Anders sieht die Sachlage aus, wenn der Schuldner zum Beispiel Eigentümer eines GRUNDSTÜCKS, eines HAUSES oder einer EIGENTUMSWOHNUNG ist. Dieses Vermögen fällt in die Insolvenzmasse und die Eröffnung des Insolvenzverfahrens wird in dem betreffenden Grundbuch vermerkt. Die dort eingetragenen Sicherungsrechte, wie zum Beispiel eine Grundschuld, haben allerdings weiterhin Bestand.

Folgendes SZENARIO tritt dann ein: Die hausfinanzierende und durch eine Grundschuld gesicherte Bank wird unmittelbar nach Verfahrenseröffnung den Hauskredit kündigen und den gesamten Kreditbetrag fällig stellen. Dies bedeutet, dass der Insolvenzverwalter den Verkehrswert des Grundstücks diesen Forderungen der Gläubiger, deren Ansprüche durch eine Grundschuld gesichert sind, gegenüberstellt. Ist der Verkehrswert höher als die bestehenden durch das Grundbuch gesicherten Forderungen, wird ein Verkauf des Grundstückes eingeleitet.

Bei einem im Vergleich zu den gesicherten Forderungen niedrigeren Verkehrswert wäre kein freier Erlös für die Insolvenzmasse zu erzielen. Da entsprechende Kosten des Grundstücks, wie zum Beispiel Grundsteuern, von der Insolvenzmasse zu zahlen sind, wird der Insolvenzverwalter eine Belastung verhindern wollen. Häufig erklärt er dann die sogenannte „Freigabe“ des Grundstücks aus dem Insolvenzbeschlag. Dies bedeutet, dass der Schuldner das Grundstück wieder zur freien Verfügung zurückerhält. Der Insolvenzvermerk im Grundbuch wird dann gelöscht. Um sein Grundstück zu behalten, muss der Schuldner noch eine Einigung mit den Grundbuchgläubigern erzielen, die weiterhin in das Grundeigentum vollstrecken können. Einige Banken erklären sich damit einverstanden, von einer Zwangsversteigerung abzusehen, falls der Schuldner auch im Insolvenzverfahren die zukünftigen monatlichen Tilgungsraten aus seinem pfändungsfreien Vermögen bezahlt oder Dritte, wie etwa Familienangehörige diese Verpflichtung übernehmen.

Auch das während des Insolvenzverfahrens neu erworbene NEUVERMÖGEN fällt komplett in die Insolvenzmasse. Hierzu gehören zum Beispiel mögliche LOTTERIEGEWINNE oder ERBSCHAFTEN. Der Schuldner hat den Insolvenzverwalter darüber sofort zu informieren. Der Neuerwerb nach Aufhebung des Insolvenzverfahrens ist in § 295 Absatz 1 Nummer 2 InsO besonders geregelt und verbessert die Situation des Schuldners. In dieser

Phase ist zum Beispiel nur der halbe Wert einer Erbschaft an den Treuhänder herauszugeben.

Damit eine ERBSCHAFT dem Schuldner als Vermögenswert zugeordnet werden kann, muss dieser die Erbschaft annehmen. Da dies ein persönliches Recht des Schuldners darstellt, kann er die Erbschaft auch AUSSCHLAGEN, ohne die Versagung der Restschuldbefreiung befürchten zu müssen. Diese Gestaltungsmöglichkeit hilft vor allem dann, wenn andere Familienmitglieder als Erben in Betracht kommen, zu denen ein gutes Verhältnis besteht. So kann das Erbe in der Familie erhalten werden. Andere Erwerbe von Todes wegen, also zum Beispiel das Vermächtnis, werden der Erbschaft gleichgestellt.

Gewinne aus einer Lotterie oder einem Spiel mit Gewinnmöglichkeit müssen in vollem Umfang herausgegeben werden. Ausgenommen sind nur Gewinne von geringem Wert.

Grundsätzlich kann der Insolvenzverwalter auch den PKW des Schuldners verwerten. Allerdings gelten pfändungsrechtliche Einschränkungen. Falls der Schuldner das Fahrzeug zur Ausübung seiner Erwerbstätigkeit benötigt und die Benutzung öffentlicher Verkehrsmittel nicht möglich beziehungsweise nicht zumutbar ist, ist der Pkw unpfändbar nach § 811 ZPO und damit auch nicht zugunsten der Insolvenzmasse verwertbar. Wenn also zum Beispiel die Entfernung zum Arbeitsplatz beträchtlich ist und öffentliche Verkehrsmittel wegen diverser Spät- oder Frühschichten noch gar nicht unterwegs sind, sind die Chancen groß, dass Sie das Fahrzeug behalten dürfen. Hierbei kommt es dann immer auf den Einzelfall an.

Neben dieser rechtlichen Einschränkung gibt es aber auch noch eine wirtschaftliche Grenze. Ihr Insolvenzverwalter wird immer nach dem Baujahr, der Marke und der Laufleistung fragen. Häufig stellt er dann fest, dass der mögliche Verwertungserlös so gering ist, dass sich eine Verwertung, die zumal kostendeckend sein muss, gar nicht erst lohnt. In diesen Fällen – also bei Unpfändbarkeit oder fehlender gewinnbringender Verwertungsmöglichkeit – wird der Insolvenzverwalter das Fahrzeug aus dem Insolvenzbeschlag „freigeben“. Der Schuldner hat dann wieder uneingeschränkte Verfügungsbefugnis über sein Fahrzeug und kann dieses weiterhin nutzen. Er muss die laufenden Kosten (zum Beispiel Steuern, Haftpflicht) aus seinem unpfändbaren Vermögen zahlen.

Viele insolvente Selbstständige haben ihr Fahrzeug finanziert, zum Beispiel durch Leasing. Dann wird der Insolvenzverwalter den Ablösebetrag bei der Leasinggesellschaft ermitteln und den Verkehrswert schätzen lassen. Ist der Wert höher als der Ablösebetrag bei der Leasinggesellschaft, wird er den Restbetrag bezahlen und versuchen, das Fahrzeug zu veräußern. Andernfalls wird der Leasingvertrag vorzeitig beendet und der Schuldner muss den Pkw an die Leasinggesellschaft zurückgeben. Häufig kommen dann noch Schadensersatzansprüche wegen vorzeitiger Beendigung des Leasingvertrages hinzu, für die sich im ungünstigsten Falle noch Verwandte des Schuldners verbürgt haben.

Um dies zu vermeiden, bietet sich die Fortführung des Leasingvertrages „außerhalb der Insolvenz" an. Das bedeutet, dass der Vertrag durch den Schuldner (oder auch Ehepartner oder Verwandten) fortgeführt wird und er die monatlichen Beträge aus seinem Einkommen bezahlt, die ihm als pfändungsfreies Vermögen zum Lebensunterhalt zur Verfügung stehen. Hierzu muss ein entsprechender Vertrag zwischen dem Leasingunternehmen, dem Insolvenzverwalter und der Person, die den Vertrag weiterführt, abgeschlossen werden. Zur tatsächlichen rechtlichen Konstruktion bei der Fortführung von Verträgen siehe Seite 91 ff.

Wie soeben ausgeführt, kann der Schuldner den Pkw im Falle einer „Freigabe" aus dem Insolvenzbeschlag uneingeschränkt nutzen. Allerdings wirkt sich seine Insolvenz weiterhin im Rahmen der Kfz-Steuer aus. So wundert sich der Schuldner, dass das Finanzamt nach Verfahrenseröffnung von ihm die Kfz-Steuer für die Zeit nach Eröffnung seines Insolvenzverfahrens anfordert, obwohl er diese doch bereits am Anfang des Jahres bezahlt hat.

Hintergrund ist, dass nach einem Urteil des Bundesfinanzhofes die Kfz-Steuer im Falle der Insolvenz auf die Zeit vor Verfahrenseröffnung und danach aufzuteilen ist. Da die Kfz-Steuer regelmäßig für ein Jahr im Voraus bezahlt wird, entsteht im Zeitpunkt der Eröffnung des Insolvenzverfahrens ein Erstattungsanspruch gegen die Finanzverwaltung in Höhe der für die Zeit nach Verfahrenseröffnung im Voraus entrichteten Beträge. Dieser Erstattungsanspruch steht dem Insolvenzverwalter zu. Wenn das Finanzamt Gegenforderungen gegen den Schuldner hat, kann es gegen diesen Erstattungsanspruch aufrechnen. Falls nicht, wird das Guthaben an den Insolvenzverwalter überwiesen. Die Folge ist, dass die Kfz-Steuer für den Zeitraum nach Verfahrenseröffnung nicht bezahlt ist. Die Steuern werden deswegen „nochmals" für diesen Zeitraum erhoben. Die Freude des Schuldners über die „Freigabe" seines Pkw aus dem Insolvenzbeschlag wird dadurch gedämpft. Er muss die Kfz-Steuern für die Zeit nach Verfahrenseröffnung nochmals zahlen, während seine im Voraus entrichteten

Beträge für diesen Zeitraum an die Insolvenzmasse fließen. Einen Rückerstattungsanspruch gegen den Insolvenzverwalter hat er nicht.

Beispiel:
Der Schuldner hat Anfang des Jahres 240 Euro an Kfz-Steuer entrichtet. Danach wird sein Insolvenzverfahren am 1.3. desselben Jahres eröffnet. Die gezahlte Kfz-Steuer wird jetzt in den Zeitraum vor Verfahrenseröffnung (1.1. bis 29.2., also 40 Euro) und danach (1.3. bis 31.12., also 200 Euro) aufgeteilt. Es entsteht in Höhe der gezahlten Kfz-Steuer für die Zeit nach Verfahrenseröffnung ein Erstattungsanspruch des Insolvenzverwalters gegen die Finanzverwaltung. Liegen keine Gegenforderungen der Finanzverwaltung vor, wird dieser vom Schuldner vor Insolvenz gezahlte Betrag (im Beispiel 200 Euro) an die Insolvenzmasse – nicht an den Schuldner – zurücküberwiesen. Der Schuldner, der seinen Pkw weiterhin nutzen will, muss nun nochmals für den Zeitraum nach Verfahrenseröffnung Kfz-Steuern zahlen.

III. Besonderheiten bei Selbstständigkeit – die etwas andere Privatinsolvenz

Die wohl wichtigste und häufigste Frage im Zusammenhang einer Privatinsolvenz Selbstständiger lautet: „Kann ich trotz Insolvenzverfahren meine Tätigkeit weiter ausüben?“ Diese Frage ist völlig berechtigt, kann erfreulicherweise aber mit einem klaren „Ja!“ beantwortet werden. Die Insolvenz kann den Selbstständigen sogar davor schützen, dass ihm die Gewerbeaufsicht die Ausübung seiner Tätigkeit versagt. Die Regelungen zur Insolvenz Selbstständiger sind im Vergleich zur Verbraucherinsolvenz noch etwas komplexer und umfangreicher. Die meisten Regelungen sind allerdings identisch, sodass nachfolgend die Besonderheiten herausgestellt werden.

1. Die selbstständige Tätigkeit während des Insolvenzverfahrens

Vor, während und nach einer Insolvenz kann der Schuldner eine selbstständige Tätigkeit ausüben. Er ist also nicht gezwungen, seine Tätigkeit einzustellen und sich eine Anstellung zu suchen. Eine derartige Einschränkung wäre mit der Berufsfreiheit (Artikel 12 Grundgesetz) nicht vereinbar und daher verfassungswidrig. Andererseits kann der Insolvenzverwalter den Schuldner auch nicht zwingen, in seinem bisherigen Betrieb weiter zu arbeiten oder gar ein neues Unternehmen zu gründen. Der Schuldner kann auch Geschäftsführer einer GmbH etc. werden. Es gibt insoweit kein Berufsverbot. Lediglich Behörden legen

Ihnen bisweilen Steine in den Weg. Als Argument wird Ihre persönliche Unzuverlässigkeit herangezogen. Erfahrungsgemäß hilft hier ein Dialog mit den Behörden und notfalls der Gang zum Verwaltungsgericht.

Unter wirtschaftlichen Gesichtspunkten sollte sich der Schuldner aber erst einmal selbst fragen, ob eine Fortführung in der Insolvenz überhaupt Sinn macht. In vielen Fällen ist die VERLUSTBRINGENDE SELBSTSTÄNDIGE TÄTIGKEIT doch die URSACHE der PRIVATINSOLVENZ.

Bevor Sie ein totes Pferd weiter reiten und sich in neue Schulden stürzen, sollten Sie sich Hilfe holen und ausrechnen, in welchem Umfang die selbstständige Tätigkeit Sinn macht. Sind die Kosten des Betriebs zu hoch? Werden weniger Mitarbeiter oder Maschinen benötigt? Sind alle Produkte sinnvoll? Benötige ich so große Räumlichkeiten? Kommt mein Betrieb nicht auch mit einem statt vier Fahrzeugen aus? Bedenken Sie immer: Die Insolvenz ist DIE Gelegenheit, schlechte Verträge außerordentlich und vor allem folgenlos zu beenden. Nutzen Sie die Sonderkündigungsmöglichkeiten des Insolvenzrechts und befreien Sie sich von überflüssigen Kosten. Eine angepasste Kostenstruktur kann gerade bei kleinen Betrieben, wie etwa Friseurgeschäften, Gaststätten, Einzelhandel und produzierendem Kleingewerbe wahre Wunder wirken. Die Gesetze der Betriebswirtschaft gelten nicht nur für große und mittelständige Unternehmer, sondern auch für jeden Kleinunternehmer.

Dass Ihr Unternehmen Verluste produziert, wird sich allein durch die Eröffnung des Insolvenzverfahrens nicht ändern. Auch bei größeren Unternehmen mit mehreren Arbeitnehmern ist eine Fortführung des Betriebs durch den Schuldner eher die Ausnahme. Hier bietet sich die Veräußerung des Betriebs an einen Dritten durch den Insolvenzverwalter an, wenn eine Restrukturierung nicht hilft. In einigen Fällen kann der Schuldner seinem bisherigen Betrieb als Angestellter erhalten bleiben.

TIPP:
Möchte der Schuldner eine neue selbstständige Tätigkeit beginnen, sollte er vorab eine Freigabeerklärung des Insolvenzverwalters für diese möglichst konkretisierte Tätigkeit einholen. Andernfalls könnte es passieren, dass von einem erfolgreichen Unternehmen allein die Gläubiger profitieren. Ohne Freigabeerklärung fallen sämtliche Einnahmen aus dieser Tätigkeit in die Insolvenzmasse.

Der Insolvenzverwalter kann entscheiden, ob er den Betrieb selbst weiter führt oder „freigibt“. Hält er eine Fortführung für aussichtsreich, wird er selbst fortführen und das Unternehmen später verkaufen. Die Einnahmen und Ausgaben trägt die von ihm verwaltete Insolvenzmasse, in die auch der Veräußerungserlös fällt. Meint der Insolvenzverwalter, dass eine Fortführung wirtschaftlich zu risikoreich ist, etwa weil zu befürchten ist, dass Ausgaben die Einnahmen übersteigen werden, kann er den Betrieb schließen oder aus der Insolvenzmasse „freigeben“, was für diese deutlich günstiger ist. Die Freigabeerklärung ist gesetzlich geregelt. Dem Schuldner wird eine selbstständige Erwerbstätigkeit auf eigene Rechnung und im eigenen Namen gestattet. Die Selbstständigkeit auf eigene

Rechnung bedeutet, dass sämtliche Verbindlichkeiten aus der Betriebstätigkeit während des Insolvenzverfahrens aus den erwirtschafteten Umsätzen dieser Geschäftstätigkeit bezahlt werden müssen. Mit anderen Worten: Schulden dürfen unter keinen Umständen mehr gemacht werden! Die Insolvenzmasse, also die eingezogenen Beträge für die Insolvenzgläubiger, haftet hierfür nicht. Um diese Erwerbstätigkeit außerhalb des Insolvenzverfahrens offenkundig zu machen, wird diese sogenannte „Freigabeerklärung" vom Insolvenzgericht öffentlich bekannt gemacht.

Der Schuldner ist nach Ansicht vieler Insolvenzverwalter verpflichtet, in regelmäßigen Abständen mitzuteilen, in welcher Höhe Gewinne nach Steuern erwirtschaftet wurden. Hierfür fordert der Insolvenzverwalter häufig betriebswirtschaftliche Auswertungen mit Betriebseinnahmen und Betriebsausgaben. Diese Ansicht ist aber unzutreffend. Denn der Schuldner muss nach der Freigabe seiner Tätigkeit den Gewinn nicht herausgeben. Er muss dem Insolvenzverwalter nur dasjenige in die Insolvenzmasse zahlen, was er im Fall der Anstellung an pfändbaren Beträgen abführen müsste. Erwirtschaftet beispielsweise ein Arzt einen Gewinn von 300.000 Euro im Jahr, muss er diesen NICHT an den Insolvenzverwalter abführen und dieser Betrag ist auch nicht die Bemessungsgrundlage für eine Berechnung. An die Insolvenzmasse zahlen muss der Arzt einen Betrag, der dem entspricht, was er als angestellter Arzt in einem Krankenhaus oder einer Praxis erhalten würde, orientiert an Lebensalter und Ausbildung. Dies können zum Beispiel 120.000 Euro sein. 180.000 Euro könnte der Arzt – trotz Insolvenz – dann für sich behalten. Dies ist sachgerecht, da der Arzt nach der Freigabeerklärung auch das wirtschaftliche Risiko trägt, also bei Scheitern des Unternehmens erneut haftet. Da der abzuführende Betrag schwer zu ermitteln ist, sollten Sie sich rechtlichen Rat holen.

Grundsätzlich können Sie auch im Fall der Insolvenz Ihren Beruf als NOTAR, ARZT, RECHTSANWALT, STEUERBERATER, APOTHEKER weiter ausüben. Entweder für Rechnung der Insolvenzmasse, die dann das wirtschaftliche Risiko trägt, oder auf eigene Rechnung nach der Freigabeerklärung des Insolvenzverwalters. Problematisch ist, dass die Zulassungsordnungen bestimmter freier Berufe, wie zum Beispiel die von Apothekern, Steuerberatern und Rechtsanwälten, vorsehen, dass die Zulassung wegen Vermögensverfalls widerrufen werden kann. Dies bedeutet ein Berufsverbot und entzieht der betroffenen Person in letzter Konsequenz die Einkommensgrundlage. Da ein Vermögensverfall insbesondere bei der Eröffnung eines Insolvenzverfahrens über das Vermögen dieses Berufsträgers anzunehmen ist, ist die Zulassung akut gefährdet.

Welche Lösungsmöglichkeiten bestehen dann? Da inzwischen auch viele Berufsträger dieser freien Berufe insolvent sind, gibt es zu diesem Problembereich bereits viele teils unterschiedliche Urteile. Einige Gerichte sind der Ansicht, dass die Aufhebung des eigentlichen Insolvenzverfahrens mit der Ankündigung der Restschuldbefreiung dazu führe, dass wieder von geordneten Vermögensverhältnissen auszugehen ist. Die Konsequenz hieraus ist, dass der Schuldner darauf hinwirken müsste, dass das eigentliche Insolvenzverfahren im Laufe eines möglichst kurzen Zeitraums abgeschlossen wird. Allerdings hat er darauf keinen Einfluss. Vielmehr hängt die Dauer dieses Stadiums der Insolvenz davon ab, wann sämtliche pfändbaren Vermögenswerte vom Insolvenzverwalter verwertet sind. Insbesondere dann, wenn Grundstücke im Spiel sind, kann dies einen längeren Zeitraum beanspruchen. Derweil kann die Zulassung schon widerrufen sein. Im Übrigen gehen einige Gerichte bis zur Erteilung der Restschuldbefreiung von ungeordneten Vermögensverhältnissen des Schuldners aus.

Eine erfolgversprechendere Lösung ist die Einleitung eines sogenannten INSOLVENZPLANVERFAHRENS, das in den §§ 217 ff. InsO geregelt ist. Hierdurch wird die Möglichkeit eröffnet, im Insolvenzverfahren mit Zustimmung der Gläubiger die Krise des Schuldners abweichend von den Regelungen der Insolvenzordnung zu überwinden. Den Gläubigern wird dann in der Regel ein Schuldentilgungsplan vorgelegt. Dies kann auch vom Schuldner veranlasst werden, der dann aber einen ausgearbeiteten Insolvenzplan bereits mit seinem Insolvenzantrag einreichen sollte. Ein solches Verfahren kann bei fachkundiger Begleitung sehr zügig (drei bis sechs Monate) abgeschlossen werden.

Bei den insolventen Angehörigen freier Berufe, die sich in einem Angestelltenverhältnis befinden, kann im Einzelfall das Arbeitsverhältnis so ausgestaltet werden, dass eine Gefährdung der Interessen künftiger Mandanten nicht eintritt. Auch dadurch wäre die Zulassung zur weiteren Berufsausübung gesichert.

In jedem Fall ist zu raten, bereits vor der Eröffnung des Insolvenzverfahrens einen Rechtsanwalt zu dieser Problematik aufzusuchen, um hier bereits im Vorfeld der Insolvenz Schritte einzuleiten, um den Widerruf der Zulassung zur Berufsausübung im Insolvenzfall zu verhindern.

2. Was kann ein Selbstständiger während der Privatinsolvenz von seinen Einkünften behalten?

Ist die selbstständige Tätigkeit NICHT freigegeben, trägt die Insolvenzmasse alle Kosten, erhält aber auch alle Einnahmen. Dem Schuldner steht nur der an den Pfändungsfreibetrag angelehnte Betrag nach § 850i ZPO zu. Er wird dann im Grunde wie ein Arbeitnehmer behandelt und die Regelungen zum Pfändungsschutz von Arbeitseinkommen werden faktisch herangezogen (siehe Seite 80 ff.). Warum faktisch? Das Gesetz nimmt hier eine Differenzierung vor, die in der Praxis zu Problemen führt.

Der Pfändungsschutz der ZPO, der über § 36 InsO Anwendung im Insolvenzverfahren findet, gilt nicht nur für Lohn und Gehalt. § 850i ZPO erstreckt den Schutz auch auf andere wiederkehrende Einkünfte. Die Vorschrift ist dabei sehr weit und spricht von „sonstigen Einkünften". Daher sind auch EINKÜNFTE aus der VERMIETUNG UND VERPACHTUNG, vor allem aber EINKÜNFTE AUS SELBSTSTÄNDIGER TÄTIGKEIT oder RENTEN nach dieser Vorschrift geschützt. In der Praxis gibt es hier vor allem zwei Fragestellungen. Die Frage, was sonstige Einkünfte sind, war lange sehr umstritten und konnte erst in den letzten Jahren durch Gerichtsurteile zugunsten des Schuldners dahingehend entschieden werden, dass von der Rechtsprechung im Wesentlichen alle Einkünfte, die nicht unter eine spezielle Vorschrift fallen, wie zum Beispiel das Arbeitseinkommen, als sonstige Einkünfte gelten.

Die zweite streitige Frage ist, ob der Insolvenzverwalter den Pfändungsschutz nach § 850i ZPO VON AMTS WEGEN berücksichtigen muss oder nur dann, wenn der Schuldner einen Antrag bei Gericht stellt. In der Einzelzwangsvollstreckung ist ein Antrag des Schuldners auf Pfändungsschutz zwingend erforderlich. Der Wortlaut des § 850i ZPO ist hier klar. Die Vorschrift gilt im Fall der Insolvenz als Gesamtvollstreckung aber nur aufgrund des Verweises in § 36 Absatz 1 Satz 2 InsO, der vorschreibt, dass nach den einzelnen Vorschriften der ZPO unpfändbare Gegenstände nicht zur Insolvenzmasse gehören. Was außerhalb der Insolvenz unpfändbar und damit für die Gläubiger unerreichbar ist, soll den Gläubigern auch nicht innerhalb der Insolvenz zur Verfügung stehen. Der Insolvenzverwalter hat aber die Pflicht, die Ist- von der Soll-Masse zu trennen. Er muss also von Amts wegen unterscheiden, ob ein Vermögenswert in die Insolvenzmasse fällt (=Soll-Masse) oder nicht. So ist er verpflichtet, Dritteigentum an den Eigentümer herauszugeben. Etwa wenn der Schuldner ein finanziertes Fahrzeug oder unter Eigentumsvorbehalt gelieferte Ware im Lager stehen hat. Hier muss der Insolvenzverwalter auf den bloßen Hinweis hin das Fahrzeug beziehungsweise die Ware herausgeben. Diese Pflicht muss konsequenterweise auch dann gelten,

TIPP:
Nicht jeder Insolvenzverwalter wendet den Pfändungsschutz für Einkünfte aus selbstständiger Tätigkeit, Renten, Vermietung und Verpachtung usw. zutreffend an. Häufig verweist er auf den bei Gericht zu stellenden Antrag und ignoriert die Regelung des § 850i ZPO. Werden Sie als Schuldner daher sofort aktiv. Sprechen Sie den Insolvenzverwalter darauf an und stellen Sie nötigenfalls sofort den Antrag nach § 850i ZPO. Verweisen Sie den Insolvenzverwalter auf die aktuelle Rechtsprechung.

wenn der Schuldner mitteilt, dass er von geringen Einkünften aus einer selbstständigen Tätigkeit oder von Einkünften aus der Vermietung eines Pkw oder einer vollständig finanzierten Wohnung lebt.

Der REGELFALL der FREIGABE der SELBSTSTÄNDIGEN TÄTIGKEIT führte in der Vergangenheit zu großen Problemen. Alle Einkünfte, aber auch alle Kosten musste der Selbstständige tragen. Streit gab es regelmäßig um die Frage, was der Schuldner an den Insolvenzverwalter abgeben muss. Hier wurden unzulässige Vereinbarungen geschlossen. Dabei ist es im Grunde einfach: Im Fall der Freigabe darf der Schuldner alle Einkünfte aus der selbstständigen Tätigkeit behalten, selbst wenn er mehrere Millionen Euro verdient. Er trägt das unternehmerische Risiko neuer Schulden, die nicht von der Restschuldbefreiung erfasst sind, also steht ihm auch der unternehmerische Erfolg zu. Man kann verstehen, dass Insolvenzverwalter und Gläubiger dies anders sahen und auf verschiedenem Weg versucht wurde, doch an das Geld des Schuldners zu kommen. Der Reformgesetzgeber hat die Streitigkeiten der Praxis erkannt und mit § 295a InsO nunmehr die Sache geregelt:

§ 295a InsO Obliegenheiten des Schuldners bei selbstständiger Tätigkeit

(1) *Soweit der Schuldner eine selbstständige Tätigkeit ausübt, obliegt es ihm, die Insolvenzgläubiger durch Zahlungen an den Treuhänder so zu stellen, als wenn er ein angemessenes Dienstverhältnis eingegangen wäre. Die Zahlungen sind kalenderjährlich bis zum 31. Januar des Folgejahres zu leisten.*

(2) *Auf Antrag des Schuldners stellt das Gericht den Betrag fest, der den Bezügen aus dem nach Absatz 1 zugrunde zu legenden Dienstverhältnis entspricht. Der Schuldner hat die Höhe der Bezüge, die er aus einem angemessenen Dienstverhältnis erzielen könnte, glaubhaft zu machen. Der Treuhänder und die Insolvenzgläubiger sind vor der Entscheidung anzuhören. Gegen die Entscheidung steht dem Schuldner und jedem Insolvenzgläubiger die sofortige Beschwerde zu.*

TIPP:
Dokumentieren Sie für die drei Jahre bis zur Restschuldbefreiung Ihre persönlichen Umstände, um gegen mögliche Versagungsanträge der Gläubiger vorbereitet zu sein. Ärztliche Atteste oder sonstige Belege über eingeschränkte Beschäftigungsmöglichkeiten sollten Sie sorgfältig aufbewahren.

Diese Vorschrift gilt aufgrund der Verweisung in § 35 Absatz 2 InsO bereits ab Eröffnung des Insolvenzverfahrens. Gibt der Insolvenzverwalter die selbstständige Tätigkeit des Schuldners aus der Insolvenzmasse frei, gilt § 295a InsO.

Es ist für die Frage, was der Schuldner an den Insolvenzverwalter beziehungsweise den Treuhänder abgeben muss, also weiterhin völlig egal, wie erfolgreich der selbstständige Schuldner ist. Maßgeblich ist, was der Schuldner im Fall einer Anstellung verdienen würde; REINE

FIKTION also. Hierbei werden das Alter, die Berufserfahrung, der erlernte Beruf selbst einschließlich etwaiger Zusatzqualifikationen, die Lebens- und Gesundheitssituation berücksichtigt. Grundsätzlich wird eine Vollzeitbeschäftigung zugrunde gelegt. Kann – etwas aus gesundheitlichen Gründen – tatsächlich nur in Teilzeit gearbeitet werden, ist dieser Umstand zu berücksichtigen. Bemerkenswert ist, dass nach einer Entscheidung des Bundesgerichtshofs im Jahr 2018 auch nach Eintritt des Rentenalters eine Pflicht zur Abführung fiktiver Beträge bestehen soll. Allerdings nur, wenn Sie als rentenberechtigter Schuldner tatsächlich eine selbstständige Tätigkeit ausüben.

Auch das Datum für die Zahlung des fiktiven Betrages ist jetzt gesetzlich festgelegt. Sie können also erst einmal jede Zahlung verweigern und den GESAMTEN FIKTIVEN BETRAG AM 31.1. DES FOLGEJAHRES leisten. Es dürfte aber klüger sein, schon unterjährig regelmäßig Zahlungen zu leisten. Die Regelung orientiert sich an der Grundsatzentscheidung des Bundesgerichtshofs aus dem Jahr 2012, die zu einem ähnlichen Ergebnis kam.

Um mehr Rechtssicherheit zu bekommen, kann der Schuldner auch den FIKTIVEN BETRAG durch ein GERICHT FESTSETZEN lassen. Diese Neuregelung gilt für alle Insolvenzverfahren, die nach dem 30.9.2020 beantragt wurden. Wie die Gerichte damit umgehen, wird spannend zu beobachten sein. Ich empfehle die Festsetzung nicht. So bleibt mehr Spielraum für den Schuldner. Ist erst einmal ein gerichtlich festgesetzter Betrag in der Welt, kommt der Schuldner davon nicht runter und im Fall der Nichtzahlung ist der Nachweis und damit ein Antrag auf Versagung der Restschuldbefreiung sehr leicht erfolgreich. Vorzugswürdig ist hier etwas Unsicherheit und Interpretationsspielraum, um sich gegen einen Versagungsantrag besser zur Wehr setzen zu können. Zum einen sind Versagungsanträge, die auf das Argument zu wenig abgeführter Beträge gestützt werden, sehr selten. Zum anderen stehen viele Rechtspfleger und nicht wenige Richter Schuldnern sehr kritisch gegenüber. Viele Festsetzungen dürften zu hoch ausfallen.

Schwierig wird es für Sie als Schuldner, wenn Sie mit ihrer selbstständigen Tätigkeit SO WENIG VERDIENEN, dass sie den jährlich zu zahlenden, FIKTIVEN BETRAG nicht aufbringen können. Dieses Problem tritt in der Praxis immer wieder auf. Nach der Rechtsprechung des Bundesgerichtshofs sind Sie in solchen Fällen verpflichtet, sich um ein Anstellungsverhältnis zu bemühen, um die notwendigen Beträge zu verdienen. Diese Bemühungen müssen Sie auch nachweisen, wenn es zu einem Versagungsantrag kommt. Sie sollen nach der Rechtsprechung ihre selbstständige Tätigkeit zwar nicht aufgeben müssen – vor diesem schwerwiegenden Eingriff in die Berufsfreiheit (Artikel 12 Grundgesetz) ist der Bundesgerichtshof zurückgeschreckt. Was aber ist, wenn die Bemühungen um eine Vollzeitanstellung erfolgreich sind? Die Annahme der Stelle schließt eine selbstständige Tätigkeit in der Regel aus, wenn diese nicht sogar arbeitsvertraglich verboten wird. Dieser Widerspruch ist bis heute nicht aufgelöst. Vor demselben Problem steht auch derjenige, der einer angestellten Teilzeitbeschäftigung nachgeht. Selbst wenn diese arbeitsrechtlich (zum Beispiel Kündigungsschutz) vorteilhaft ist, soll eine Pflicht bestehen, diese Tätigkeit zugunsten einer zwar profitableren, aber weniger abgesicherten Vollzeitstelle aufzugeben.

Tipp:
So bizarr es erscheinen mag: Ist die selbstständige Tätigkeit des Schuldners freigegeben, kann er sämtliche Einnahmen hieraus behalten, auch wenn er während der Insolvenz mehrere Millionen Euro verdient. Sein unternehmerisches Können kommt ihm allein zugute. An den Insolvenzverwalter ist nur der fiktive Betrag zu zahlen, der im Fall einer Anstellung zu erzielen wäre. Die Regelung ist gerecht, denn im Fall des Scheiterns fallen die neuen Verbindlichkeiten auch nicht der Insolvenzmasse zur Last. Der Schuldner begründet Neuverbindlichkeiten, für die er keine Restschuldbefreiung erhält.

Zusammenfassung:
Die Eröffnung des Insolvenzverfahrens hat zahlreiche Konsequenzen. Der Schuldner genießt Schutz vor Zwangsvollstreckungen und Schreiben der Gläubiger. Der Insolvenzverwalter ist zentraler Ansprechpartner und muss hinsichtlich des dem Insolvenzbeschlag unterliegenden Vermögens auch für den Schuldner die Steuererklärung erstellen. Der Schuldner muss hierbei mitwirken, die Kosten trägt aber die Insolvenzmasse; sie erhält auch etwaige Steuererstattungen.
Mit der Eröffnung des Insolvenzverfahrens beginnt auch die Verwertung des im Eigentum des Schuldners stehenden Vermögens. Aus dem Erlös der Verwertung werden die Gläubiger befriedigt. Von der Verwertung sind zahlreiche Positionen ausgenommen. In der Insolvenz gelten die Pfändungsschutzvorschriften. Hierdurch kann der Schuldner von seinem Arbeitseinkommen weiter den Lebensunterhalt für sich und seine Familie bestreiten. Auch klassische Vorsorgemaßnahmen wie eine Kranken- und Pflegeversicherung sowie Formen der Altersvorsorge bleiben von der Insolvenz unberührt. Von seiner Leistungsbereitschaft profitiert vornehmlich der Schuldner, da für Urlaubsgeld, Überstundenvergütungen, Gefahren- und Erschwerniszulagen sowie vieles mehr be-

sondere Regelungen gelten. Die privat genutzte Mietwohnung wird besonders geschützt. Komplikationen mit dem Konto können durch die rechtzeitige Einrichtung eines Pfändungsschutzkontos (P-Konto) vermieden werden.
Der Insolvenzverwalter wird in der Regel alle Verträge beenden, die in die Insolvenzmasse fallen. Von schlechten Verträgen wird der Schuldner also durch die Kündigung des Insolvenzverwalters befreit. Für ihn vorteilhafte Verträge kann der Schuldner übernehmen, was juristisch aber den Abschluss eines neuen Vertrages darstellt.
Der Ehegatte haftet regelmäßig nicht für die Schulden des anderen Ehegatten. Auf die privaten Lebensverhältnisse des Schuldners hat die Insolvenz keinen Einfluss. Er kann heiraten, sich scheiden lassen, umziehen, eine andere Tätigkeit ausüben und vieles mehr.
Auch eine selbstständige Tätigkeit kann dem Schuldner niemand verbieten. Die Insolvenz wird öffentlich. Vermieter, Arbeitgeber und bisherige Vertragspartner des Schuldners werden von dem Insolvenzverwalter über die Insolvenz informiert. Der Schuldner kann mit dem Insolvenzverwalter aber eine abweichende Vereinbarung treffen.
Der Schuldner kann die Freigabe seiner selbstständigen Tätigkeit durch den Insolvenzverwalter anstreben. Dann haftet er zwar für etwaige Neuverbindlichkeiten, die nicht von der Restschuldbefreiung umfasst sind. Ihn trifft das unternehmerische Risiko. Er kann aber auch die Einnahmen aus der Tätigkeit vollumfänglich behalten. An die Insolvenzmasse muss er nur dasjenige zahlen, das er im Fall einer Anstellung zahlen müsste. Der zu zahlende Betrag wird also aus einem fiktiven Nettoeinkommen errechnet. Lebensalter, Qualifikation und andere Aspekte werden hierbei berücksichtigt.

Die Pflichten des Schuldners zur Erlangung der Restschuldbefreiung

Ein Schuldner, der alle Pflichten erfüllt, ist umfassend geschützt. Welche Pflichten dies sind, zeigt dieses Kapitel. Ein gutes Arbeitsklima zwischen Schuldner und Insolvenzverwalter vermeidet Pflichtverstöße auf beiden Seiten. Ein klares Fehlverhalten der anderen Seite zwingt den Schuldner zum Handeln.

4. Die Pflichten des Schuldners zur Erlangung der Restschuldbefreiung

I. Verhalten gegenüber dem Gutachter und Insolvenzverwalter

Insolvenzverwalter und Treuhänder werden von Gesetzes wegen NICHT im Interesse des Schuldners tätig, sondern haben die Interessen der Gläubiger zu wahren. Deswegen können Insolvenzverwalter und Treuhänder auch NICHT als Rechtsberater des Schuldners handeln. Gerade vor diesem Hintergrund ist es wichtig, dass Sie als Schuldner Ihre Pflichten aber auch Rechte selbst kennen. Denn die Rechte begrenzen zugleich Ihren Pflichtenkreis als Schuldner.

In der Praxis geben viele Insolvenzverwalter gleichwohl nützliche Hinweise und sind dem Schuldner „wohlgesonnen", soweit dieser kooperiert. In der Regel gilt: Wie man in den Wald hineinruft, so schallt es auch heraus. Verlassen darf sich der Schuldner hierauf nicht. Der Insolvenzverwalter kann versucht sein, mittels „Fangfragen" herauszufinden, ob der Schuldner Vermögenswerte an Dritte, zum Beispiel an Freunde und Verwandte, übertragen hat. Solche Übertragungen sind bis zu zehn Jahre zurück anfechtbar. Da der Insolvenzverwalter nicht verpflichtet ist, den Schuldner aufzuklären und ihm zu helfen, und die Restschuldbefreiung von elementarer Bedeutung ist, sollte man sich auf dessen Auskünfte auch nicht blind verlassen.

1. Der Besprechungstermin mit dem Insolvenzverwalter

Wenn das Insolvenzverfahren eröffnet ist und Sie zu einem Besprechungstermin eingeladen werden, dann sollten Sie den Termin – gegebenenfalls im Beisein eines von Ihnen beauftragten Rechtsanwalts – wahrnehmen. Mit der Wahrnehmung des Termins kommen Sie Ihren Mitwirkungspflichten nach und Sie zeigen damit gegenüber der Person, die Sie in der Regel während der gesamten Dauer des Entschuldungsverfahrens betreut und bei der Frage der Restschuldbefreiung Einfluss nehmen kann, Kooperationsbereitschaft und den Willen, Ihre Vermögensverhältnisse nunmehr zu ordnen. Unterlagen, die angefordert werden, sind GEORDNET mitzubringen. Falls Sie während des Termins arbeiten müssen oder anderweitig verhindert sind, sollten Sie zumindest telefonisch um eine Verschiebung bitten. Sie treffen auch nicht unbedingt den Insolvenzverwalter selbst, sondern eine Mitarbeiterin oder einen Mitarbeiter, der für Sie zuständig ist. Notieren Sie sich den Namen und die Kontaktdaten (zum Beispiel E-Mail). So können Sie bei Fragen direkt auf den richtigen Ansprechpartner zugreifen.

Im Termin werden dann meist folgende Themen erörtert:

- Der Insolvenzverwalter muss für das Insolvenzgericht einen Bericht fertigen. Vereinfacht gesagt soll dort drinstehen, wer der Schuldner ist, welchen Hintergrund er hat und wie es zu den Verbindlichkeiten gekommen ist. Hierzu werden häufig noch einzelne Angaben zu den persönlichen Verhältnissen (Lebenslauf, Ausbildung, verheiratet, ledig, Kinder usw.) abgefragt.
- Einzelne Vermögenswerte, die der Schuldner in seiner Vermögensübersicht angegeben hat, werden nochmals umfassend besprochen, um Verwertungsmöglichkeiten abschätzen zu können. Sämtliche Änderungen, die noch nicht im Insolvenzantrag aufgeführt sind (zum Beispiel Hinzukommen weiterer Gläubiger, erst nach dem Insolvenzantrag festgesetzte Steuerguthaben etc.) sind unbedingt mitzuteilen.
- Der Insolvenzverwalter informiert den Schuldner grob über den weiteren Verfahrensablauf und seine Pflichten.

2. Fehlverhalten des Insolvenzverwalters – wie reagieren?
Viele Schuldner berichten immer wieder, dass sie sich im Verfahren rechtlos und alleingelassen fühlen. Der Insolvenzverwalter leiste keine Hilfestellung und in der Regel erreiche man bestenfalls einen Mitarbeiter oder eine Mitarbeiterin. Diese seien nicht immer qualifiziert und oft unfreundlich. Zum einen ist hier eine Erwartungshaltung zu korrigieren. Der Insolvenzverwalter ist nicht der Helfer oder Anwalt des Schuldners. Er vertritt die Interessen der Gläubiger. Vor Ratschlägen des Insolvenzverwalters ist zu warnen. Diese können oft mehr Schlag als Rat sein. Zudem gibt es auch unter den Insolvenzverwaltern schwarze Schafe. Viele Mitarbeiter der Insolvenzverwalter haben schlechte Erfahrungen mit Schuldnern gemacht und hegen deshalb Vorurteile. Dies ist nur allzu menschlich.

Die meisten Probleme lassen sich durch eine angemessene Kommunikation lösen. Hilft dies nicht, sieht die Insolvenzordnung Rechtsmittel vor. Auch Gespräche mit dem Insolvenzgericht, dem Auftraggeber des Insolvenzverwalters, können helfen. Geht es um die eigenen Interessen, benötigt der Schuldner den Rat eines von ihm beauftragten Rechtsanwalts, der Fachanwalt für Insolvenzrecht ist. Denn nur dieser – und nicht der Insolvenzverwalter – ist den Interessen des Schuldners verpflichtet. Ist die Situation verfahren, kann auch ein freundliches Gespräch zwischen dem Rechtsanwalt des Schuldners und dem Insolvenzverwalter helfen. Beide Personen sind in der Regel Rechtsanwälte und sprechen auf Augenhöhe. Viele der auf das Insolvenzrecht spezialisierten Anwälte kennen sich auch untereinander, da die „Gemeinde“ der

Insolvenzanwälte eher klein und überschaubar ist. So können Missverständnisse aufgelöst und die wechselseitigen Interessen geklärt werden.

TIPP:
Rechtswidriges Verhalten muss kein Schuldner hinnehmen. Zusammen mit einem versierten Fachanwalt für Insolvenzrecht kann über Rechtsmittel und Anträge an das Insolvenzgericht viel erreicht werden.

Wenn gar nichts mehr hilft, muss gerichtliche Hilfe in Anspruch genommen werden. Leider ist der Insolvenzverwalter in seinem Handeln vergleichsweise frei. Er unterliegt nach überwiegender Ansicht nur der Rechtsaufsicht, nicht aber der Fachaufsicht. Es wird also nicht geprüft, ob der Insolvenzverwalter seine Sache gut macht. Sinnvoll ist dies selbstredend nicht. Nur Rechtsverstöße können geahndet und durch einen Antrag bei dem Insolvenzgericht unterbunden werden. Die Beschwerde über inhaltliche Fehler oder schlechte Arbeit kann allenfalls künftigen Schuldnern nutzen.

Der Insolvenzverwalter haftet auch gegenüber dem Schuldner, wenn er schuldhaft Pflichten verletzt, die ihm durch die Insolvenzordnung auferlegt werden. Typische Fehler und auch Straftaten nennen auch die Berufsverbände der Insolvenzverwalter, die sich durch die Aufstellung von Grundsätzen einer ordnungsgemäßen Insolvenzverwaltung redlich mühen, die Qualität der Insolvenzverwaltung zu sichern, Missbrauch zu verhindern und schlecht arbeitende Insolvenzverwalter zu besserer Arbeit anzuhalten.

Folgende Verhaltensweisen und Handlungen von Insolvenzverwaltern sind besonders kritisch zu sehen und bieten Möglichkeiten für Schadenersatzforderungen:

- Die Pfändungsfreigrenzen nach § 36 InsO in Verbindung mit den Vorschriften zur Zwangsvollstreckung der Zivilprozessordnung werden zulasten des Schuldners missachtet.
- Vermögensgegenständen des Schuldners werden unter Wert verkauft. Vor allem Veräußerungen des Insolvenzverwalters an sich selbst, eigene Gesellschaften, Geschäftspartner, Familienmitglieder und Freunde sind aufmerksam zu prüfen.
- Forderungen des Schuldners werden nicht durchgesetzt und selbst dann schlechte Vergleiche geschlossen, wenn die Sache bei Gericht Erfolg haben kann oder sogar schon bei Gericht ist.

In der Vergangenheit hat es zahlreiche Missbrauchsfälle gegeben. Insolvenzverwalter wurden wegen strafbarer Untreue (§ 266 Strafgesetzbuch) verurteilt. Gehen Sie also nicht davon aus, dass Insolvenzverwalter immer nach Recht und Gesetz handeln. Sie sind auch keine Amtspersonen, sondern in erster Linie Unternehmer, die Geld verdienen wollen. Beauftragen Sie einen Fachanwalt für Insolvenzrecht, der die von dem Insolvenzverwalter zu erstellenden Berichte und die Rechnungslegung gegenüber dem Gericht sorgfältig prüft und mit Ihnen erörtert. So werden „Versehen", aber auch vorsätzliche Taten aufgedeckt.

II. Die einzelnen Pflichten des Schuldners

Die Restschuldbefreiung gibt es nicht umsonst und auch nicht für jeden. Zumindest meinen dies viele Insolvenzverwalter, Gläubiger, Rechtspfleger und auch Richter. Tatsächlich gibt es die Entschuldung sehr wohl umsonst. Nämlich dann, wenn der Schuldner schlicht nichts hat. Auch und gerade völlig vermögenslosen, ja verarmten Personen wird der wirtschaftliche Neuanfang ermöglicht. Ganz egal wie hoch die Schulden sind.

Dennoch ist Vorsicht geboten. Bestimmten Schuldnern kann die Restschuldbefreiung auf Antrag eines Insolvenzgläubigers versagt werden. Es gibt keine Versagung, die das Gericht selbst veranlasst („Versagung von Amts wegen"), sondern nur eine Zulässigkeitsprüfung des Gerichts unmittelbar nach dem Insolvenzantrag, der mit einem Restschuldbefreiungsantrag verbunden ist.

§ 287a Absatz 2 InsO bestimmt:
Der Antrag auf Restschuldbefreiung ist UNZULÄSSIG, wenn

1. *dem Schuldner in den letzten ELF JAHREN VOR dem ANTRAG auf Eröffnung des Insolvenzverfahrens oder nach diesem Antrag RESTSCHULDBEFREIUNG ERTEILT oder wenn ihm die Restschuldbefreiung in den letzten FÜNF JAHREN VOR dem ANTRAG auf Eröffnung des Insolvenzverfahrens oder nach diesem Antrag nach § 297 versagt worden ist oder*
2. *dem Schuldner in den letzten DREI JAHREN vor dem ANTRAG auf Eröffnung des Insolvenzverfahrens oder nach diesem Antrag Restschuldbefreiung NACH § 290 ABSATZ 1 Nummer 5, 6 oder 7 oder nach § 296 VERSAGT worden ist; dies gilt auch im Falle des § 297A, wenn die NACHTRÄGLICHE VERSAGUNG auf Gründe nach § 290 Absatz 1 Nummer 5, 6 oder 7 gestützt worden ist.*

In diesen Fällen hat das Gericht dem Schuldner Gelegenheit zu geben, den Eröffnungsantrag vor der Entscheidung über die Eröffnung zurückzunehmen.

Die Zulässigkeitsprüfung erfolgt also von Amts wegen vor der Entscheidung über die Eröffnung des Insolvenzverfahrens. Das Gesetz sieht Sperrfristen vor, um ein Insolvenzkarussell und Missbrauch zu vermeiden. Sie können sich zwar beliebig oft durch eine Privatinsolvenz entschulden, allerdings nur in bestimmten ABSTÄNDEN.

Daneben gibt es die wichtigen Versagungsgründe, die vor allem in § 290 InsO geregelt sind und für den Schuldner von hervorgehobener Bedeutung sind. Aus dieser Vorschrift können Sie auch Ihre WESENTLICHEN PFLICHTEN als Schuldner herauslesen.

Die Versagungsgründe sind zum einen in § 290 InsO geregelt:

§ 290 InsO Versagung der Restschuldbefreiung

(1) Die Restschuldbefreiung ist durch Beschluss zu versagen, wenn dies von einem Insolvenzgläubiger, der seine Forderung angemeldet hat, beantragt worden ist und wenn

1. der Schuldner in den LETZTEN FÜNF JAHREN vor dem Antrag auf Eröffnung des Insolvenzverfahrens oder nach diesem Antrag wegen einer STRAFTAT nach den §§ 283 BIS 283C des STRAFGESETZBUCHS RECHTSKRÄFTIG zu einer Geldstrafe von MEHR als 90 TAGESSÄTZEN oder einer FREIHEITSSTRAFE von mehr als DREI MONATEN verurteilt worden ist,
2. der Schuldner in den letzten DREI JAHREN vor dem Antrag auf Eröffnung des Insolvenzverfahrens oder nach diesem Antrag vorsätzlich oder grob fahrlässig SCHRIFTLICH UNRICHTIGE oder UNVOLLSTÄNDIGE ANGABEN über seine WIRTSCHAFTLICHEN VERHÄLTNISSE gemacht hat, um einen KREDIT ZU ERHALTEN, LEISTUNGEN aus ÖFFENTLICHEN MITTELN ZU BEZIEHEN oder Leistungen an öffentliche Kassen zu vermeiden,
3. (weggefallen)
4. der Schuldner in den letzten DREI JAHREN vor dem Antrag auf Eröffnung des Insolvenzverfahrens oder nach diesem Antrag VORSÄTZLICH oder GROB FAHRLÄSSIG die BEFRIEDIGUNG der INSOLVENZGLÄUBIGER DADURCH BEEINTRÄCHTIGT hat, dass er UNANGEMESSENE VERBINDLICHKEITEN begründet oder VERMÖGEN VERSCHWENDET oder ohne Aussicht auf eine Besserung seiner wirtschaftlichen Lage die Eröffnung des Insolvenzverfahrens verzögert hat,
5. der Schuldner AUSKUNFTS- ODER MITWIRKUNGSPFLICHTEN nach diesem Gesetz VORSÄTZLICH oder GROB FAHRLÄSSIG verletzt hat,
6. der Schuldner in der nach § 287 Absatz 1 Satz 3 vorzulegenden Erklärung und in den nach § 305 ABSATZ 1 NUMMER 3 VORZULEGENDEN

VERZEICHNISSEN seines Vermögens und seines Einkommens, seiner Gläubiger und der gegen ihn gerichteten Forderungen vorsätzlich oder grob fahrlässig unrichtige oder unvollständige Angaben gemacht hat,

7. der Schuldner seine ERWERBSOBLIEGENHEIT NACH § 287B VERLETZT und DADURCH DIE BEFRIEDIGUNG DER INSOLVENZGLÄUBIGER BEEINTRÄCHTIGT; dies gilt nicht, wenn den Schuldner kein Verschulden trifft; § 296 Absatz 2 Satz 2 und 3 gilt entsprechend.

(2) (...)

(3) (...)

Welche konkreten Pflichten der vorstehende komplizierte Gesetzestext dem Schuldner auferlegt, ist IM EINZELNEN SEHR UMSTRITTEN und immer mal wieder Gegenstand gerichtlicher Entscheidungen. Bis heute sind nicht alle Fragen geklärt und es wird auch noch sehr lange dauern, bis dies der Fall ist. Der Grund ist einfach: Nur wenige Gläubiger stellen tatsächlich Versagungsanträge und eine Versagung von Amts wegen gibt es nicht.

Aus diesem Grund lohnt es sich fast immer, gegen einen Versagungsantrag vorzugehen und auch Rechtsmittel gegen einen Versagungsbeschluss des Gerichts einzulegen. Zahlreiche Urteile zugunsten der Schuldner belegen die Tatsache, dass die höheren Gerichte eher zugunsten der Schuldner urteilen.

TIPP:
Nehmen Sie eine Versagung der Restschuldbefreiung nicht kampflos hin. Sie stecken sonst für viele weitere, mindestens aber fünf Jahre in den Schulden fest.

Was nach Ansicht der Rechtsprechung hinter den einzelnen Pflichten steckt, kann hier aufgrund des Umfangs nicht im Einzelnen dargestellt werden. Die Pflichten könnten aber in folgenden PROGRAMMSÄTZEN ZUSAMMENGEFASST werden:

Pflichtenprogramm im Überblick:

- ☐ Machen Sie im Insolvenzantrag, während des Insolvenzverfahrens und vor allem gegenüber dem Gutachter, Insolvenzverwalter und Treuhänder keine FALSCHEN Angaben. Bleiben Sie schriftlich und mündlich immer bei der Wahrheit. Wenn Sie sich unsicher sind, machen Sie dies durch Zusätze wie circa, ungefähr, nach meiner Erinnerung etc. kenntlich!
- ☐ Verheimlichen Sie keine Insolvenzgläubiger! Vergessen ist unproblematisch, bewusstes Weglassen oder Verschweigen nicht.
- ☐ Verheimlichen und verschwenden Sie zu keinem Zeitpunkt Vermögenswerte!

- ☐ Erfinden Sie keine Insolvenzforderungen, insbesondere nicht zugunsten von Freunden und Verwandten!
- ☐ Stellen Sie die Zahlung der pfändbaren Anteile in die Insolvenzmasse sicher!
- ☐ SELBSTSTÄNDIGE achten darauf, dass im Fall der Freigabe der an die Insolvenzmasse zu zahlende fiktive Betrag pünktlich und in richtiger Höhe gezahlt wird.
- ☐ ERWERBSLOSE bemühen sich um eine Anstellung und dokumentieren die erfolglosen Versuche sowie alle Umstände (Krankheit, Kinder, etc.), die zumindest einer Teilzeitbeschäftigung entgegenstehen.
- ☐ TEILZEITBESCHÄFTIGTE bemühen sich um eine Vollzeitstelle und dokumentieren die erfolglosen Versuche sowie alle Umstände (Krankheit, Kinder, etc.), die der Vollzeitbeschäftigung entgegenstehen.
- ☐ Setzen Sie sich IMMER gegen STRAFRECHTLICHE VERURTEILUNGEN rechtzeitig zur Wehr und vermeiden Sie insbesondere auch Strafbefehle; mithilfe eines Anwalts können Sie immer etwas erreichen!
- ☐ WIDERSPRECHEN Sie Forderungen, wenn diese als solche aus einer vorsätzlich begangenen unerlaubten Handlung angemeldet werden. Die Feststellung dieser Forderungen mit dieser Deliktseigenschaft führen zwar nicht zu einer Versagung der Restschuldbefreiung, haben aber in Bezug auf diese eine Forderung selbst die gleiche Wirkung: Der Schuldner wird diese Verbindlichkeit durch das Insolvenzverfahren nicht los. Weil dieser Punkt so wichtig und praxisrelevant ist, wird er auch hier noch einmal erwähnt. Im Einzelnen siehe hierzu Seite 120 ff.

Wenn der Schuldner die vorstehenden Punkte beachtet, ist eine Versagung der Restschuldbefreiung nahezu ausgeschlossen.

TIPP:
Haben Sie Auseinandersetzungen mit einem oder mehreren Gläubigern, sollten Sie einen Anwalt mit der sofortigen Kontaktaufnahme beauftragen. Missverständnisse können beseitigt und um Verständnis für Ihre Situation geworben werden. Vielleicht können Vereinbarungen für die Zeit nach der Privatinsolvenz getroffen werden, die eine Kompensation für den Gläubiger vorsehen, ihn aber von einem Versagungsantrag abhalten.

Auch wenn ein Schuldner den Gläubiger durch sein vorinsolvenzliches Verhalten richtig geärgert hat, etwa durch nicht eingehaltene Zusagen oder anderweitigen Vertrauensbruch, verliert dieser doch meistens schnell das Interesse daran, dem Schuldner Steine in den Weg zu legen und Anträge bei Gericht zu stellen. Schließlich muss der Gläubiger Zeit und Geld in einen Antrag investieren, der ihm außer Genugtuung oder Rache nichts bringt. Denn auch im Fall der Versagung der Restschuldbefreiung hat der Schuldner ja nicht plötzlich das Geld, um die Forderungen des Gläubigers zu befriedigen. Vielmehr wird er weiter an der Pfändungsgrenze leben.

Selbst wenn Sie aber gegen die oben genannten Pflichten verstoßen haben oder die Voraussetzungen erfüllen, wird Ihnen die Restschuldbefreiung nicht automatisch und nicht von Amts wegen versagt. Mindestens ein Gläubiger muss einen Versagungsantrag bis zum Schlusstermin schriftlich bei Gericht stellen.

§ 290 INSO wird durch § 295 INSO ERGÄNZT. In der Vorschrift können Sie ihre weiteren Pflichten nach Aufhebung des Insolvenzverfahrens ablesen.

Auch hier führt ein Pflichtverstoß zur Versagung der Restschuldbefreiung, wenn ein Gläubiger dies beantragt. Zusätzliche Voraussetzung ist aber, dass Ihre Pflichtverletzung die Befriedigung der Insolvenzgläubiger beeinträchtigt hat. Damit führt nicht jeder Pflichtverstoß zur Versagung der Restschuldbefreiung.

Die Vorschrift lautet:

§ 295 InsO Obliegenheiten des Schuldners
Dem Schuldner obliegt es, in dem Zeitraum zwischen Beendigung des Insolvenzverfahrens und dem Ende der Abtretungsfrist

1. *eine ANGEMESSENE ERWERBSTÄTIGKEIT auszuüben und, wenn er ohne Beschäftigung ist, sich um eine solche zu bemühen und keine zumutbare Tätigkeit abzulehnen;*
2. *VERMÖGEN, das er von Todes wegen oder mit Rücksicht auf ein künftiges Erbrecht oder durch Schenkung erwirbt, ZUR HÄLFTE DES WERTES sowie Vermögen, das er als Gewinn in einer LOTTERIE, AUSSPIELUNG oder in einem anderen Spiel mit Gewinnmöglichkeit erwirbt, ZUM VOLLEN WERT an den Treuhänder herauszugeben; von der Herausgabepflicht sind gebräuchliche Gelegenheitsgeschenke und Gewinne von geringem Wert ausgenommen;*
3. *jeden WECHSEL des WOHNSITZES oder der BESCHÄFTIGUNGSSTELLE unverzüglich dem Insolvenzgericht und dem Treuhänder anzuzeigen, KEINE von der Abtretungserklärung erfassten BEZÜGE und kein von Nummer 2 erfasstes VERMÖGEN ZU VERHEIMLICHEN und dem Gericht und dem Treuhänder auf Verlangen Auskunft über seine Erwerbstätigkeit oder seine Bemühungen um eine solche sowie über seine Bezüge und sein Vermögen zu erteilen;*
4. *Zahlungen zur Befriedigung der Insolvenzgläubiger nur an den Treuhänder zu leisten und keinem Insolvenzgläubiger einen Sondervorteil zu verschaffen;*
5. *keine UNANGEMESSENEN VERBINDLICHKEITEN im Sinne des § 290 Absatz 1 Nummer 4 zu begründen.*

Auf Antrag des Schuldners stellt das Insolvenzgericht fest, ob ein Vermögenserwerb nach Satz 1 Nummer 2 von der Herausgabeobliegenheit ausgenommen ist.

§ 295 InsO setzt vereinfacht gesagt die Pflichten während des Insolvenzverfahrens (§ 290 InsO, § 287b InsO) bis zur Erteilung der Restschuldbefreiung fort und betrifft damit den Zeitraum zwischen Beendigung des Insolvenzverfahrens und dem Ende der Abtretungsfrist. Im Grunde können Sie an den Pflichten des § 295 InsO auch gut den Unterschied zwischen dem eröffneten Insolvenzverfahren und der Zeit nach Aufhebung des Insolvenzverfahrens ablesen. Während des Insolvenzverfahrens fällt grundsätzlich jeder NEUERWERB in die Insolvenzmasse. Wenn Sie also erben, in der Lotterie gewinnen, eine Steuererstattung erhalten oder 500 Euro finden, gehört der jeweilige Betrag in die Insolvenzmasse und steht den Gläubigern zu. Nach Aufhebung des Insolvenzverfahrens gilt dies nicht mehr. Jeder Neuerwerb steht dann Ihnen zu. Nur Ihre pfändbaren Anteile am Arbeitseinkommen haben Sie über die Zeit des Insolvenzverfahrens hinaus für längstens drei Jahre abgetreten.

AUS DIESEM GRUND schafft § 295 InsO im Vergleich zu der Zeit des eröffneten Verfahrens neue Pflichten. Nach der Nummer 2 müssen Sie geerbtes Vermögen oder Vermögen, dass Sie im Hinblick auf eine künftige Erbschaft erhalten, zur Hälfte an den Treuhänder (das ist der ehemalige Insolvenzverwalter) herausgeben, damit dieser es an die Gläubiger verteilen kann. Lotteriegewinne und Gewinne aus anderen Spielen müssen Sie in voller Höhe herausgeben. Kleinere, gelegentliche Gewinne, zum Beispiel die 50-Euro-Sportwette, dürfen Sie behalten.

Im Kern können die PFLICHTEN des Schuldners WIE FOLGT ZUSAMMENGEFASST WERDEN:

Vereinfacht gesagt möchte der Gesetzgeber, dass der Schuldner mit dem Insolvenzverwalter kooperiert und das ihm Mögliche leistet, um seine Gläubiger, soweit es geht, zu befriedigen. Der arbeitslose Schuldner ist verpflichtet, sich selbst aktiv durch Bewerbungen um eine Arbeitsstelle zu bemühen. Es reicht nicht aus, auf Angebote der Agentur für Arbeit zu warten. Der Schuldner muss eine Tätigkeit, die seinem Alter und seinem Gesundheitszustand entspricht und nicht höchstpersönlichen Pflege- oder Erziehungsaufgaben widerspricht (zum Beispiel bei einer Mutter von Kleinkindern), annehmen. Hat der Schuldner eine Erbschaft angenommen, dann ist er gehalten, die Hälfte hiervon an den Treuhänder auszuzahlen. Der Schuldner muss von sich aus die jederzeitige Erreichbarkeit für das Insolvenzgericht und den Treuhänder sicherstellen, indem er Änderungen seiner Anschrift anzeigt. Leider kommt es in der Praxis immer wieder vor, dass der Schuldner seine geänderte Anschrift nicht mitteilt. Dann besteht ein Grund, ihm die Restschuldbefreiung zu versagen. Vermögenszuflüsse jedweder Art sind dem Insolvenzverwalter sofort zu melden. Dies betrifft insbesondere Gehaltsänderungen. Der Wechsel des Arbeitgebers ist ebenfalls sofort mitzuteilen.

Der Schuldner muss bei Nachfrage seine Bemühungen, die Gläubiger so weit wie möglich zu befriedigen, nachweisen. Hierunter fällt insbesondere die Vorlage von Arbeitsverträgen, Lohnabrechnungen und Bewerbungsschreiben. Der Schuldner darf keine Sonderzahlungen an Gläubiger vornehmen, die Forderungen aus der Zeit vor der Insolvenz geltend machen. Es darf nur noch an den Treuhänder geleistet werden. Damit soll der Grundsatz der Gläubigergleichbehandlung gewahrt bleiben. Mit seinem pfändungsfreien Vermögen kann der Schuldner allerdings machen, was er möchte.

Wenn das Kind in den Brunnen gefallen ist, Sie also eine Pflicht verletzt und hierdurch die Befriedigung der Gläubiger beeinträchtigt haben, bleibt noch ein letzter Strohhalm: Ihnen muss nachgewiesen werden, dass Sie SCHULDHAFT gehandelt haben. Denn dass die Restschuldbefreiung nicht zu versagen ist, wenn den Schuldner KEIN VERSCHULDEN trifft, steht in § 296 Absatz 1 Satz 1 am Ende.

Nicht jeder Verstoß rechtfertigt die Versagung der Restschuldbefreiung. Die Rechtsprechung zu den einzelnen Versagungsgründen ist sehr umfangreich. Der Schuldner wird zu einem Versagungsantrag eines Gläubigers angehört. Bevor er Stellung nimmt, sollte er unbedingt anwaltlichen Rat suchen. Durch eine qualifizierte Stellungnahme können FAST ALLE Versagungsanträge ERFOLGREICH ABGEWEHRT werden. Denn handelt der Schuldner ohne Verschulden, kann die Restschuldbefreiung nicht versagt werden. Mit der Versagung muss sich ein Schuldner nicht abfinden; er kann binnen einer kurzen Frist das Rechtsmittel der sogenannten sofortigen Beschwerde nutzen und die Entscheidung des Insolvenzgerichts durch ein Landgericht überprüfen lassen.

III. Stolperfallen auf dem Weg zur Entschuldung

So kompliziert die Regelungen zur Privatinsolvenz sind, so einfach ist es, die Befreiung von allen Verbindlichkeiten nach drei Jahren tatsächlich zu erhalten. Wer ein paar Regeln beachtet, stets aufmerksam die Post des Gerichts liest und die wenigen ihn treffenden Pflichten erfüllt, der wird nach drei Jahren den ersehnten Beschluss über die Erteilung der Restschuldbefreiung in den Händen halten und damit entschuldet sein. Von allen Verbindlichkeiten, die der Insolvenzverwalter nicht mit dem verwerteten Vermögen des Schuldners bedienen kann, also von dem „Rest", wird der Schuldner nach drei Jahren befreit. Die nachfolgenden Punkte sind für den Erhalt der Restschuldbefreiung besonders wichtig. Sollte es bei diesen Stolperfallen auf dem Weg zur Entschuldung zu Problemen kommen, kann rechtzeitig eingeholter anwaltlicher Rat helfen, auch diese Hürden zu überwinden.

1. Die größte Gefahr für die Restschuldbefreiung – Forderungen aus einer vorsätzlich begangenen unerlaubten Handlung.

Die Restschuldbefreiung gilt NICHT gegenüber Forderungen aus einer VORSÄTZLICH BEGANGENEN UNERLAUBTEN HANDLUNG. Derartige Forderungen werden auch Deliktsforderungen genannt. Aber was macht diese Forderungen so besonders gefährlich? Der Grund ist: Der Gläubiger einer solchen Forderung darf auch nach Beendigung des Insolvenzverfahrens und nach Erteilung der Restschuldbefreiung gegen den Schuldner vollstrecken. Anders ausgedrückt bedeutet dies, dass sich ein Schuldner auch durch ein Insolvenzverfahren mit anschließender Restschuldbefreiung NICHT von diesen Verbindlichkeiten befreien kann. Derartige Verbindlichkeiten können sehr hoch sein und den angestrebten wirtschaftlichen Neuanfang zunichtemachen.

Forderungen aus einer vorsätzlich begangenen unerlaubten Handlung können zum Beispiel Schadensersatzansprüche wegen vorsätzlicher Körperverletzung oder anderer vorsätzlich begangener Taten sein. Besonders ehemalige Selbstständige oder ehemalige Geschäftsführer sind betroffen. Ihnen gegenüber machen die Krankenkassen häufig Ansprüche wegen nicht abgeführter Sozialversicherungsbeiträge von früheren angestellten Arbeitnehmern geltend. Die Nichtzahlung dieser Beiträge stellt eine unerlaubte Handlung dar. Denn es handelt sich um eine Straftat (§ 266a StGB), auch wenn wohl kaum ein Selbstständiger oder sonstiger Unternehmer vor einer Insolvenz jemals von dieser Vorschrift gehört hat. Überhaupt kann man sich leicht merken, dass vor allem vorsätzlich begangene Straftaten klassische unerlaubte Handlungen sind, die eine zivilrechtliche Haftung auslösen. Körperverletzung, Betrug, Untreue, Steuerhinterziehung und das Nichtabführen von Sozialversicherungsbeiträgen sind die klassischen Stolpersteine.

Sehr häufig werden Forderungen zu Unrecht und aus Versehen als solche aus unerlaubter Handlung angemeldet oder der Vortrag des Gläubigers reicht nicht aus („Betrug"). Widerspricht der Schuldner nicht und wird diese Forderung als solche aus unerlaubter Handlung festgestellt, so wird diese Forderung entsprechend behandelt. Der Schuldner hat keine Chance, dies rückgängig zu machen. Der Schuldner sollte deshalb unbedingt an den Prüfungsterminen teilnehmen oder sich durch sachkundige Anwälte vertreten lassen, da dort Forderungen auch ohne vorherige schriftliche Ankündigung angemeldet werden können. Wird das Verfahren schriftlich geführt, gibt es ein Hinweisschreiben des Gerichts, dass eine Warnung enthält. Der schriftliche Widerspruch des Schuldners muss rechtzeitig eingehen. Am sichersten ist es, dies über einen Anwalt zu erledigen.

In diesem Zusammenhang ist darauf hinzuweisen, dass auch diese Gläubiger WÄHREND des Insolvenzverfahrens (auch für die Dauer von drei Jahren nach Verfahrenseröffnung) ebenso wie alle anderen Gläubiger NICHT vollstrecken können. Bei einer Forderung aus einer vorsätzlich begangenen Handlung handelt es sich dann aber nur um einen Vollstreckungsaufschub. NACH BEENDIGUNG der Wohlverhaltensperiode, also der Erteilung oder Versagung der Restschuldbefreiung, dürfen diese Gläubiger wieder vollstrecken, wenn ihre Forderung als Forderung wegen vorsätzlich begangener unerlaubter Handlung zur Insolvenztabelle festgestellt ist.

Wegen der für den Schuldner erheblichen nachteiligen Auswirkungen einer solchen Forderung hat der Gesetzgeber besondere Regelungen hierzu getroffen. Zum einen müssen die Gläubiger ihre Forderungen ausdrücklich als Forderungen wegen vorsätzlich begangener unerlaubter Handlung beim Insolvenzverwalter zur Insolvenztabelle anmelden und die Tatsachen, die für diese Qualifizierung sprechen, angeben. Zum anderen hat der Schuldner die Möglichkeit, der Einordnung als Forderung aus unerlaubter Handlung, also als Deliktsforderung, zu widersprechen. Er muss dabei die Forderung nicht nach Grund und Höhe, sondern nur hinsichtlich der Deliktseigenschaft, also der Qualifikation widersprechen. Die Forderung mag ja nach Grund und Höhe berechtigt sein; sie ist aber eben keine Deliktsforderung.

Der entscheidende Termin für den Widerspruch ist der Prüfungstermin, in dem sämtliche Forderungen erörtert und geprüft werden und zu dem der Schuldner geladen wird.

Durch den Widerspruch kann der Schuldner also bewirken, dass die Restschuldbefreiung erst einmal auch gegenüber einer angemeldeten Forderung aus einer vorsätzlich begangenen unerlaubten Handlung wirkt. Jetzt kommt es auf den Gläubiger an. Er kann diesen Vorteil zunichtemachen, indem er erfolgreich Klage gegen den Schuldner auf Feststellung dieser Forderung erhebt. Erst dann wird geprüft, ob der Widerspruch des Schuldners überhaupt begründet war. Wie der Schuld-

VORSICHT!
Es kann und gibt in der Praxis regelmäßig MEHRERE PRÜFUNGSTERMINE. Auf eine Forderungsanmeldung wegen vorsätzlich begangener unerlaubter Handlung wird der Schuldner nochmals vom Gericht hingewiesen. Er kann dann im Termin Widerspruch einlegen.

ner seinen Widerspruch dann begründet, hängt vom Einzelfall ab. In vielen Fällen kann der Schuldner einwenden, dass er die ihm vom Gläubiger vorgeworfene unerlaubte Handlung nicht vorsätzlich, sondern lediglich fahrlässig begangen habe. Dies gilt sehr häufig für den ins Blaue hinein erhobenen Vorwurf des Betruges. Dieser ist in der Praxis regelmäßig nicht haltbar.

Vom Ausgang dieses Rechtsstreits hängt es dann ab, ob der Gläubiger nach Ende des Insolvenzverfahrens vollstrecken kann (bei erfolgreicher Klage) oder nicht (bei Abweisung der Klage des Gläubigers). Hat der Gläubiger einen Titel, also zum Beispiel ein Urteil, und ist dort im Tenor bereits festgehalten, dass eine vorsätzliche unerlaubte Handlung vorliegt, so muss ausnahmsweise der Schuldner den Widerspruch mit einer Klage verfolgen und kann nicht eine Klage des Gläubigers abwarten. Liegt ein Urteil gegen Sie vor, sprechen Sie im Zweifel mit einem Fachanwalt für Insolvenzrecht.

2. Bankrottstraftaten

Eines vorweg: Nein, SCHULDENMACHEN IST NICHT STRAFBAR. Wenn Sie als natürliche Person persönlich für alle Verbindlichkeiten haften, etwa als Selbstständiger oder Einzelkaufmann, können Sie sich noch nicht einmal wegen Insolvenzverschleppung strafbar machen. Für diese sogenannten Vollhafter besteht KEINE INSOLVENZANTRAGSPFLICHT. Diese in § 15a InsO normierte Pflicht, bei deren Nichterfüllung von der Insolvenzverschleppung gesprochen wird, trifft nur Unternehmen, bei denen keine natürliche Person, also kein Mensch, persönlich haftet. So etwa Gesellschaften mit beschränkter Haftung (GmbH), Aktiengesellschaften (AG) oder die GmbH & Co. KG. Geschäftsleiter solcher Gesellschaften, die bei Zahlungsunfähigkeit oder Überschuldung nicht oder nicht richtig einen Insolvenzantrag stellen, haften wegen Insolvenzverschleppung mit ihrem Privatvermögen.

Aber Vorsicht! Im Zusammenhang mit der Privatinsolvenz können Sie Straftaten verwirklichen, die zu einer Versagung der Restschuldbefreiung und begründeten Anmeldungen von Forderungen aus unerlaubter Handlung führen können (hierzu Seite 120). Sie haben die Obliegenheiten des Schuldners während des Insolvenz- und Restschuldbefreiungsverfahrens, die zur Versagung der Entschuldung führen können, bereits kennengelernt. Neben der zivilrechtlichen Konsequenz haben Obliegenheitsverstöße aber auch eine strafrechtliche Seite. Es gibt daher doppelt gute Gründe, manche Dinge zu unterlassen und andere unbedingt zu machen.

Die strafrechtliche Seite wird in den §§ 283 ff. StGB abgebildet. Der Bankrottstraftatbestand ist etwas kompliziert.

§ 283 Strafgesetzbuch Bankrott

(1) Mit Freiheitsstrafe bis zu fünf Jahren oder mit Geldstrafe wird bestraft, wer bei Überschuldung oder bei drohender oder eingetretener Zahlungsunfähigkeit

1. BESTANDTEILE SEINES VERMÖGENS, DIE IM FALLE DER ERÖFFNUNG DES INSOLVENZVERFAHRENS ZUR INSOLVENZMASSE GEHÖREN, BEISEITE SCHAFFT ODER VERHEIMLICHT ODER IN EINER DEN ANFORDERUNGEN EINER ORDNUNGSGEMÄSSEN WIRTSCHAFT WIDERSPRECHENDEN WEISE ZERSTÖRT, BESCHÄDIGT ODER UNBRAUCHBAR MACHT,

2. in einer den Anforderungen einer ordnungsgemäßen Wirtschaft widersprechenden Weise Verlust- oder Spekulationsgeschäfte oder Differenzgeschäfte mit Waren oder Wertpapieren eingeht oder durch unwirtschaftliche Ausgaben, Spiel oder Wette übermäßige Beträge verbraucht oder schuldig wird,

3. Waren oder Wertpapiere auf Kredit beschafft und sie oder die aus diesen Waren hergestellten Sachen erheblich unter ihrem Wert in einer den Anforderungen einer ordnungsgemäßen Wirtschaft widersprechenden Weise veräußert oder sonst abgibt,

4. RECHTE ANDERER VORTÄUSCHT ODER ERDICHTETE RECHTE ANERKENNT,

5. Handelsbücher, zu deren Führung er gesetzlich verpflichtet ist, zu führen unterlässt oder so führt oder verändert, dass die Übersicht über seinen Vermögensstand erschwert wird,

6. Handelsbücher oder sonstige Unterlagen, zu deren Aufbewahrung ein Kaufmann nach Handelsrecht verpflichtet ist, vor Ablauf der für Buchführungspflichtige bestehenden Aufbewahrungsfristen beiseite schafft, verheimlicht, zerstört oder beschädigt und dadurch die Übersicht über seinen Vermögensstand erschwert,

7. entgegen dem Handelsrecht

a) Bilanzen so aufstellt, dass die Übersicht über seinen Vermögensstand erschwert wird, oder

b) es unterlässt, die Bilanz seines Vermögens oder das Inventar in der vorgeschriebenen Zeit aufzustellen, oder

8. in einer anderen, den Anforderungen einer ordnungsgemäßen Wirtschaft grob widersprechenden Weise seinen Vermögensstand verringert oder seine wirklichen geschäftlichen Verhältnisse verheimlicht oder verschleiert.

(2) Ebenso wird bestraft, wer durch eine der in Absatz 1 bezeichneten Handlungen seine Überschuldung oder Zahlungsunfähigkeit herbeiführt.

(3) Der Versuch ist strafbar.

…

Es gibt dann noch Regelungen zur fahrlässigen Begehungsweise. In der Privatinsolvenz spielen regelmäßig allenfalls die hervorgehobenen Nummer 1 und Nummer 4 eine größere Rolle. Erkennen Sie die Parallelen zu § 295 Absatz 1 Nummer 4, Nummer 5 und Nummer 6 InsO?

Insbesondere falsche Angaben im Insolvenzantrag sind in zweierlei Hinsicht gefährlich. Sie sind strafbar und können zur Versagung der Restschuldbefreiung führen. Vermögenswerte zu verheimlichen oder Verbindlichkeiten von Freunden und Verwandten zu erfinden, ist also keine gute Idee.

Ferner werden Sie sich erinnern, dass Sie alle Gläubiger gleich behandeln und keinen Gläubiger durch Sonderzahlungen bevorzugen dürfen (hierzu Seite 114 f.). Strafrechtlich sanktioniert werden im Fall der Insolvenz Zahlungen an Gläubiger, die keinen Anspruch auf die Leistung haben (§ 283c StGB Gläubigerbegünstigung).

3. Checkliste zur Restschuldbefreiung

Die nachfolgende Checkliste fasst die wichtigsten Punkte zum Erhalt der Restschuldbefreiung zusammen. Wenn Sie diese Dinge beachten, steht dem wirtschaftlichen Neuanfang nichts mehr im Weg.

Checkliste Restschuldbefreiung:

- ☐ Sind die Angaben im Insolvenzantrag, Restschuldbefreiungsantrag und Verfahrenskostenstundungsantrag richtig und vollständig?
- ☐ Sind in den schriftlichen Angaben Unsicherheiten, Wissenslücken und fehlende Informationen durch Angaben wie circa, ungefähr, nach meiner Erinnerung oder Ähnlichem kenntlich gemacht?
- ☐ Sind alle Nachfragen des Insolvenzgerichts, des Gutachters, des Insolvenzverwalters, des Treuhänders beantwortet?
- ☐ Habe ich eine Vollzeitstelle oder angemessene selbstständige Tätigkeit?
- ☐ Werden die zutreffenden Beträge an den Insolvenzverwalter beziehungsweise den Treuhänder abgeführt?
- ☐ Im Fall der Erwerbslosigkeit: Bemühe ich mich um eine Teil- oder Vollzeitstelle und kann ich dies nachweisen? Sind Hinderungsgründe nachgewiesen und dokumentiert?
- ☐ Sind alle Beschlüsse gut aufbewahrt?
- ☐ Habe ich allen Forderungsanmeldungen widersprochen, bei denen eine vorsätzliche unerlaubte Handlung (Deliktsforderung) behauptet wird?

- ☐ Falls es Strafverfahren gibt: Ist ein qualifizierter Anwalt beauftragt, der eine strafrechtliche Verurteilung durch Deals und eine effektive Verteidigung vermeidet?
- ☐ Bis zum Beschluss über die Restschuldbefreiung: Habe ich dem Insolvenzverwalter beziehungsweise dem Treuhänder alle Änderungen meiner wirtschaftlichen und persönlichen Verhältnisse mitgeteilt, insbesondere einen Wechsel des Arbeitgebers oder Wohnort?
- ☐ Im Fall von Versagungsanträgen: Habe ich einen qualifizierten Anwalt mit der Abwehr und Einlegung von Rechtsmitteln beauftragt?

Zusammenfassung:
Der Schuldner sollte sich gegenüber dem Gutachter, Insolvenzverwalter und Treuhänder grundsätzlich kooperativ verhalten. Etwaiges Fehlverhalten muss und sollte er nicht hinnehmen, sondern unter Mitwirkung eines Rechtsanwalts konsequent unterbinden. Erfüllt der Schuldner das ihn treffende Pflichtenprogramm, das auch nach Aufhebung des Insolvenzverfahrens Pflichten mit der Bezeichnung Obliegenheiten kennt, ist ihm die Restschuldbefreiung und damit der wirtschaftliche Neuanfang nahezu sicher. Für eine vollständige Entschuldung ist dann noch wichtig, die Post des Insolvenzgerichts und die erteilten Hinweise sorgfältig zu lesen. Gegen Forderungen, die als solche aus einer vorsätzlich begangenen unerlaubten Handlung angemeldet werden, muss der Schuldner Widerspruch erheben. Andernfalls sind diese nicht von der Restschuldbefreiung erfasst. Kommt es zu einem Versagungsantrag oder gar einem Versagungsbeschluss des Insolvenzgerichts, sollte der Schuldner alle Rechtsmittel ausschöpfen, da er in der Regel gute Chancen hat, die Entscheidung des Gerichts in der nächsten Instanz aufheben zu lassen. Mit derselben Konsequenz ist auch einer strafrechtlichen Verurteilung entgegenzutreten, da diese ebenfalls zur Versagung der Restschuldbefreiung führen kann. Vorsicht: Strafbefehle stehen Urteilen gleich.

Besonderheiten der Privatinsolvenz aus Gläubigersicht

Die bisherigen Kapitel haben die Privatinsolvenz umfassend erläutert. Aus Sicht des Gläubigers treten zusätzliche Fragen vor allem im Zusammenhang mit der FORDERUNGSANMELDUNG und der sogenannten INSOLVENZANFECHTUNG auf, die in diesem Kapitel behandelt werden.

5. Besonderheiten der Privatinsolvenz aus Gläubigersicht

I. Die Forderungsanmeldung

Ihr Schuldner hat Insolvenz beantragt? Dann haben Sie als Gläubiger viele Fragen. Egal, ob Ihr Kunde, Lieferant, Mieter oder sonstiger Vertragspartner Insolvenz beantragt: Sie müssen mit einem erheblichen Forderungsausfall und zusätzlichem Aufwand rechnen.

Auch wenn die Insolvenzquoten im Schnitt deutschlandweit um die DREI PROZENT liegen, kann sich die Anmeldung einer Forderung im Insolvenzverfahren im Einzelfall lohnen. Insolvenzquoten von 50 bis 100 Prozent sind keine Seltenheit mehr. Durch geschicktes Handeln kann der Gläubiger seinen Schaden durch die Insolvenz des Schuldners begrenzen.

Die wichtigsten Fragen und Antworten rund um die Durchsetzung Ihrer Forderungen im Insolvenzverfahren habe ich für Sie nachfolgend aufgeführt. Bedenken Sie aber vor allem: Ihr Schuldner ist kein Krimineller und die Entschuldung durch eine Privatinsolvenz legitim. Die wahren Ursachen für eine Insolvenz sind vielfältig und bleiben meist verborgen. Lesen Sie hierzu die Einführung. Im Folgenden geht es zunächst um die Fragen rund um die Forderungsanmeldung des Gläubigers.

1. Muss ich als Gläubiger die Forderung anmelden?
Der Gläubiger MUSS NICHT am Insolvenzverfahren teilnehmen und muss auch keine Forderung zur Insolvenztabelle anmelden (vergleiche § 87 InsO). Die Teilnahme kann sogar von Nachteil sein, weil der Gläubiger mit seiner Anmeldung den Insolvenzverwalter auf mögliche gegen ihn gerichtete Anfechtungsansprüche hinweist (hierzu unter II., Seite 133 ff.).

ALLERDINGS: Meldet der Gläubiger keine Forderung zur Insolvenztabelle an, nimmt er auch nicht an der Schlussverteilung des Regelinsolvenzverfahrens teil. Er erhält also KEINE INSOLVENZQUOTE.

Ob der Gläubiger am Insolvenzverfahren teilnimmt, hängt neben dem Anfechtungsrisiko vor allem von der zu erwartenden Insolvenzquote ab. In den Verfahren der Eigenverwaltung und bei der Umsetzung eines Insolvenzplans ist die Quote in der Regel höher als die durchschnittlichen drei Prozent. Die Insolvenzquote berechnet sich wie folgt: Die zur Insolvenztabelle festgestellten Forderungen werden durch die vorhandene Teilungsmasse, also die Insolvenzmasse abzüglich aller Kosten und bevorrechtigter Masseverbindlichkeiten, dividiert und das Ergebnis dann mit 100 multipliziert.

Auch wenn der Gläubiger seine Forderung nicht zur Insolvenztabelle anmeldet, also nicht am Verfahren teilnimmt, wird seine Forderung dennoch von der Restschuldbefreiung erfasst. Als Gläubiger können Sie Ihre Forderung also auch dann nicht mehr durchsetzen, wenn Sie nicht am Verfahren teilnehmen. Ihre Forderung droht auch zu verjähren, weil der Lauf der Verjährungsfrist ohne Anmeldung zur Insolvenztabelle nicht gehemmt wird.

ACHTUNG!
Ohne Anmeldung im Insolvenzverfahren läuft die Verjährungsfrist weiter. Meist sind dies drei Jahre. Ihre Forderung ist dann sehr schnell verjährt. Beachten Sie im Fall des Insolvenzplans die besondere Verjährungsfrist des § 259b InsO.

Kurz gesagt: Sie bekommen kein Geld. Eine Ausnahme besteht im Fall des Insolvenzplans (hierzu Seite 57).

Sie können die Forderung trotz UNTERLASSENER ANMELDUNG während des Insolvenzverfahrens auch nicht geltend machen, also insbesondere nicht einklagen oder vollstrecken. Nach Aufhebung des Verfahrens können Sie die Forderung wieder geltend machen, es sei denn, die juristische Person ist erloschen oder die natürliche Person hat die Restschuldbefreiung erhalten.

2. Zeitpunkt der Forderungsanmeldung

Das Gesetz kennt für die Forderungsanmeldung KEINE AUSSCHLUSSFRIST. Tatsächlich gilt es aber, zwei Dinge zu beachten. Zum einen kann ein Insolvenzplan Ausschlussfristen für zur Insolvenztabelle angemeldete, aber bestrittene Forderungen vorsehen. Sie müssen dann innerhalb einer bestimmten Frist eine Feststellungsklage erheben und dies nachweisen. Aber auch von diesem Spezialfall abgesehen, gibt es faktisch eine Ausschlussfrist, wenn Sie die Insolvenzquote bekommen wollen. Denn dann muss Ihre Forderungsanmeldung VOR dem Schlusstermin angemeldet und geprüft sein. Eine Prüfung und Feststellung IM Schlusstermin soll nach der Rechtsprechung des Bundesgerichtshofs nicht ausreichen, um die Quote zu bekommen. Wann der Schlusstermin ist, können Sie nicht beeinflussen. Damit ist das Insolvenzrecht auch an dieser Stelle sehr komplex.

Warten Sie daher sicherheitshalber nicht zu lange mit Ihrer Forderungsanmeldung. Einige Insolvenzverfahren dauern auch nach den jüngsten Reformen der Insolvenzordnung zehn Jahre und mehr. Dies gilt vor allem für die Insolvenzen juristischer Personen. Aber auch wenn der Schuldner eine natürliche Person ist und bereits nach drei Jahren die Restschuldbefreiung erhält, kann das Insolvenzverfahren darüber hinaus länger dauern. Zum Beispiel weil der Insolvenzverwalter erst noch Ansprüche einklagen muss. Andererseits kann ein Insolvenzverfahren auch sehr zügig beendet werden. Meist dann, wenn ein Insolvenzplan umgesetzt wird.

Für alle Verfahrensarten gilt, dass Sie die Forderung nie beim Insolvenzgericht oder Schuldner selbst anmelden. Sie müssen die Forderung immer beim Insolvenzverwalter oder beim Sachwalter anmelden. Und noch eine Regelung ist eindeutig und in allen Verfahren gleich: Eine Forderungsanmeldung vor Eröffnung des Insolvenzverfahrens, zum Beispiel beim vorläufigen Insolvenzverwalter, reicht nicht.

3. Welche Form muss bei der Anmeldung beachtet werden?

Die Person, die zum Insolvenzverwalter oder Sachwalter bestellt wurde, steht mit Kontaktdaten im Gerichtsbeschluss. In der Regel erhalten Sie auch ein FORMULAR zugesendet; vorausgesetzt der Schuldner hat Sie als Gläubiger nicht vergessen. Sie müssen für die Anmeldung KEIN FORMULAR benutzen. Sie müssen die Anmeldung lediglich schriftlich machen. Ein Fax reicht aus. Umstritten ist, ob die Anmeldung durch E-Mail mit qualifizierter Signatur oder durch das besondere elektronische Anwaltspostfach (beA) möglich ist. Nach dem Wortlaut des § 174 Absatz 4 InsO kann der Insolvenzverwalter auch die Möglichkeit der Anmeldung durch ein Gläubigerinformationssystem oder auf elektronischem Wege gesondert zulassen; er muss dies aber nicht. Ohne die Zulassung wird die Anmeldung in elektronischer Form oder per beA derzeit noch als nicht wirksam erachtet.

ACHTUNG:
Die Anmeldung beim Schuldner oder Insolvenzgericht ist unwirksam. Die Forderungsanmeldung muss zwingend beim Insolvenzverwalter beziehungsweise Sachwalter erfolgen.

TIPP:
Ich empfehle vor jeder Forderungsanmeldung eine Anfechtungsprüfung (hierzu sogleich Seite 133 ff.).

Sie können einen Rechtsanwalt mit der Forderungsanmeldung beauftragen.

Was in die Forderungsanmeldung muss, ist umstritten. Nennen Sie den Grund der Forderung, zum Beispiel „Kaufvertrag vom 9.4.2020“ oder „Mietvertrag vom 9.4.2020 und hieraus offene Mieten Mai bis August 2020“ sowie den Betrag in Euro.

4. Besondere Ausschlussklauseln im Insolvenzplan und der Ablauf der Forderungsprüfung

Interessant ist, dass der Gläubiger die Quote aus einem Insolvenzplan auch verlangen kann, wenn er keine Forderung zur Insolvenztabelle angemeldet hat. Entgegenstehende AUSSCHLUSSKLAUSELN, die eine Ausschlussfrist begründen, sind unwirksam. Der Bundesgerichtshof hat dies in zwei Grundsatzentscheidungen sowohl für die Unternehmensinsolvenz (Beschluss vom 7.5.2015, Aktenzeichen IX ZB 75/14) wie auch die Privatinsolvenz (Beschluss vom 3.12.2015, Aktenzeichen IX ZA 32/14) ausdrücklich festgestellt. Entweder melden Sie Ihre Forderung zunächst gar nicht an und verlangen die Quote ohne Anmeldung nach der Rechtskraft des den Insolvenzplan bestätigenden Gerichtsbeschlusses oder Sie sorgen dafür, dass Ihre angemeldete Forderung auch zur Tabelle festgestellt wird und erheben nötigenfalls rechtzeitig Klage.

Wenn der Gläubiger seine Forderung angemeldet hat, prüft der Insolvenzverwalter oder Sachwalter die Anmeldung. Eigentlich ist das nur eine Vorprüfung, weil die Forderungen im Gerichtstermin („Prüfungstermin") durch den Rechtspfleger geprüft werden. In der Praxis ist die Prüfung durch den Insolvenzverwalter aber die entscheidende. Akzeptiert der Insolvenzverwalter Ihre Forderungsanmeldung, dann hören Sie nichts.

MERKE:
Keine Nachrichten sind gute Nachrichten. Nur wenn die Forderung ganz oder teilweise bestritten wird, erhalten Sie Post vom Gericht mit dem sogenannten Tabellenauszug, einem Blatt, das die Verfahrensdaten und Ihre Daten enthält.

Beauftragen Sie einen Rechtsanwalt. Er kann beim Insolvenzverwalter kurz nachhören, woran es liegt. Häufig ist das Bestreiten nur vorläufig, es fehlt noch eine Unterlage oder der Insolvenzverwalter hatte noch keine Zeit für eine sorgfältige Prüfung. Nur in seltenen Fällen bestreitet der Schuldner selbst oder ein konkurrierender Gläubiger die von Ihnen angemeldete Forderung. Lenkt der Bestreitende nicht ein, können Sie im Wege einer FORDERUNGSFESTSTELLUNGSKLAGE gegen den Bestreitenden die Eintragung in die Insolvenztabelle erreichen. Achten Sie auch hier auf etwaige Ausschlussklauseln im Insolvenzplan.

II. Die Insolvenzanfechtung

Für Gläubiger wirtschaftlich besonders relevant ist das Thema INSOLVENZANFECHTUNG. Dieses Rechtsinstitut ist in jedem Insolvenzverfahren von zentraler Bedeutung und wird nachfolgend in gebotener Kürze erläutert. Vielfach kann nur über die Insolvenzanfechtung die Insolvenzmasse gemehrt und überhaupt eine Quote für die Gläubiger erzielt werden. Für Gläubiger hat die Insolvenzanfechtung aber auch und vor allem eine Schattenseite. Denn in der Regel sind sie es, die lange Zeit vor dem Insolvenzverfahren vom Schuldner erhaltene Zahlungen an den Insolvenzverwalter zurückzahlen müssen, obwohl sie ihre Lieferung oder Leistung ordnungsgemäß erbracht haben. Wie Sie sich als Gläubiger vor diesem finanziellen Fiasko schützen können, erfahren Sie hier.

Die Privatinsolvenz kann für Familie, Freunde und Geschäftspartner des Schuldners kurioserweise ebenfalls zur Bedrohung der wirtschaftlichen Existenz führen. Die Privatinsolvenz betrifft zwar nur den Schuldner, die Vermögensmassen – auch von Eheleuten – sind getrennt. Aber: Der Insolvenzverwalter kann im Vorfeld der Insolvenz erfolgte Zahlungen, Vermögensübertragungen und andere Rechtshandlungen rückgängig machen. So kann es dem Vermieter des Schuldners passieren, dass er die erhaltene Miete für viele Jahre im Fall der Privatinsolvenz seines Mieters zurückzahlen muss. Der Lieferant des Selbstständigen muss den erhaltenen Kaufpreis herausgeben und die geschiedene Ehefrau im Rahmen der Scheidung erhaltene Vermögenswerte. Auch die Übertragung von Lebensversicherungen oder nur die Einräumung des Bezugsrechts kann angefochten werden. Möglich macht dies die Insolvenzanfechtung, die sowohl der Schuldner als auch der Gläubiger im Blick haben müssen.

1. Insolvenzanfechtung – was ist das eigentlich?

Insolvenzanfechtung – dieser ungewöhnliche Begriff beschreibt zusammenfassend die §§ 129 bis 147 der Insolvenzordnung (InsO). Diese Paragrafen enthalten Regelungen dazu, unter welchen Voraussetzungen Personen (meistens Gläubiger), die von einer später in die Insolvenz geratenen Person (Schuldner) Leistungen erhalten haben, diese an den Insolvenzverwalter zurückgewähren müssen. Juristen nennen dies einen Rückgewähranspruch, wobei die vermeintliche Rückgewähr nicht an den Schuldner selbst erfolgt, sondern an den Insolvenzverwalter als den Verwalter einer Sondermasse, die als Insolvenzmasse bezeichnet wird. Zurückzugewähren sind beispielsweise Vermögensgegenstände wie Fahrzeuge, Maschinen oder auch Schmuck und Grundstücke. Hat der Empfänger die erhaltenen Gegenstände bereits veräußert, so muss er Wertersatz in Geld leisten. In der Praxis besteht die Leistung des Schuldners vor allem in baren und unbaren Zahlungen an den Gläubiger; der Empfänger hat dann einen entsprechenden Geldbetrag zu erstatten.

Beispiel 1:
Im Hinblick auf die drohende Zahlungsunfähigkeit seiner Agentur überträgt der selbstständige Versicherungsmakler V sein mit einer Villa bebautes Grundstück an die Ehefrau. Drei Jahre später beantragt er Privatinsolvenz. Der Insolvenzverwalter des V kann die Übertragung anfechten und die Verschaffung des Eigentums von der Ehefrau verlangen. Anschließend verkauft er das Grundstück und verteilt den Erlös gleichmäßig an die Gläubiger des V über die Insolvenzquote.

Beispiel 2:
Der Unternehmer U verkauft vor dem Insolvenzantrag zwei Maschinen unter Wert an die Gesellschaft seines Sohnes. Zudem bezahlt er noch die seit mehreren Monaten offene Forderung eines Lieferanten, mit dem er befreundet ist. Hier kann der Insolvenzverwalter von dem Sohn die Maschinen oder die Differenz zwischen Kaufpreis und eigentlichem Wert herausverlangen. Die Bezahlung des Lieferanten kann der Insolvenzverwalter ebenfalls rückgängig machen. Es soll nicht ein Lieferant bevorteilt werden. Sämtliche Gläubiger sollen in gleicher Weise anteilig befriedigt werden. Dies ist gerechter, als wenn nur ein Gläubiger alles erhält. Das gilt natürlich nur, wenn der Empfänger der Zahlung von der Zahlungsunfähigkeit des Schuldners im Zeitpunkt der Zahlung wusste. Wann dies der Fall ist, wird durch objektive Beweisanzeichen ermittelt.

2. Insolvenzanfechtung – welchen Sinn hat das?
Auf den ersten Blick erscheint die Insolvenzanfechtung häufig als eine unglaubliche Ungerechtigkeit. Obwohl etwa ein Lieferant ordnungsgemäß geliefert hat, soll er die Bezahlung im Fall der Insolvenz wieder herausgeben. Der Vermieter hat dem Schuldner die Mietsache ordnungsgemäß und mangelfrei überlassen. Dennoch soll er die Miete für mehrere Monate an den Insolvenzverwalter zurückzahlen. Der Steuerberater hat die Lohn- und Finanzbuchhaltung über Jahre ordnungsgemäß erstellt. Gleichwohl kann der Insolvenzverwalter auch erhaltene Honorarzahlungen anfechten, also an die Masse herausverlangen. Wie kann das sein und welchen Sinn hat dies?

Das Insolvenzrecht möchte im Grundsatz alle Gläubiger gleich behandeln und gewährleisten, dass kein Gläubiger einen VORTEIL erlangt. Überträgt der Schuldner beispielsweise vor der Insolvenz Vermögen an Familie, Freunde oder langjährige Geschäftspartner, die über die finanziellen Verhältnisse des Schuldners Bescheid wissen, ist das ungerecht. Denn dieses Vermögen steht den anderen Gläubigern nicht zum Ausgleich ihrer berechtigten Forderungen zur Verfügung. Von diesen offensichtlichen Fällen abgesehen, ist es aber auch ungerecht, wenn ein Gläubiger noch Geld bekommt, obwohl er weiß, dass der Schuldner pleite ist oder bald Insolvenz beantragen wird. Denn während er sein Geld bekommt, müssen alle anderen Gläubiger auf ihr Geld verzichten, obwohl jeder Gläubiger einen gleichberechtigten Anspruch hat. Mit der Möglichkeit zur Insolvenzanfechtung will der Gesetzgeber also verhindern, dass einzelne Gläubiger, die den Schuldner zum Beispiel durch die Androhung von Liefersperren unter Druck setzen können oder die enge Beziehungen oder Insiderkenntnisse haben, bevorzugt werden.

3. Wie kann ich mich als Gläubiger vor einer Insolvenzanfechtung schützen?

Dies ist leider nicht so einfach möglich. Die Situationen sind sehr vielfältig und unterschiedlich. Dennoch gibt es für Gläubiger wie Vermieter, Lieferanten, Dienstleister und andere eine Reihe von Möglichkeiten, sich vor einer Insolvenzanfechtung bereits im Vorfeld zu schützen und die Risiken deutlich zu reduzieren. Hilfreich ist, grundsätzlich im Umgang mit allen Vertragspartnern bereits bei der Rechnungsstellung, der Zahlungsabwicklung und der Formulierung der Zahlungsziele die Möglichkeit einer Insolvenzanfechtung im Hinterkopf zu behalten. Wenn es bei Kunden einmal zu ZAHLUNGSVERZÖGERUNGEN kommt, ist es wichtig, sich richtig zu verhalten und vor allem klassische Fehler zu vermeiden. Wenn Ihr Kunde, das heißt der Schuldner, nicht mehr pünktlich oder vollständig zahlt, sollten Sie sich wie folgt verhalten:

- Sie sollten keinen Druck gegenüber Ihrem Vertragspartner ausüben, sondern rechtzeitig mit ihm Kontakt aufnehmen, um die Bezahlung der Rückstände im Wege einer RATENZAHLUNGSVEREINBARUNG und die Bezahlung künftiger Leistungen zu besprechen.
- Nach dem seit April 2017 geltenden Recht ist der Abschluss einer Ratenzahlungsvereinbarung nicht mehr schädlich. Daher ist es deutlich besser, mit dem Schuldner eine schriftlich fixierte Vereinbarung zu schließen statt unregelmäßige oder verspätete Teilzahlungen hinzunehmen. Die RATENZAHLUNGSVEREINBARUNG muss so bemessen sein, dass Ihr Vertragspartner sie auch erfüllen kann. Eine nicht eingehaltene, das heißt geplatzte Ratenzahlungsvereinbarung ist eines der gravierendsten Beweisanzeichen für die Kenntnis des Gläubigers von der Zahlungsunfähigkeit des Schuldners.
- Hält der Schuldner die Vereinbarung ein, können Sie das großzügige ZAHLUNGSZIEL beibehalten und die Geschäftsbeziehung fortsetzen. Sie räumen Ihrem Vertragspartner zum Beispiel ein, eine Rechnung erst nach 90 Tagen, statt nach zwei Wochen zahlen zu können. Das Zahlungsziel auf der Rechnung lautet: Zahlbar binnen 90 Tagen nach Eingang der Rechnung.
- Sicherer ist es aber, auf VORKASSE umzustellen, um zwischen Leistung und Gegenleistung nicht mehr als 30 Tage vergehen zu lassen. Jede Kreditierung (auch Lieferantenkredit) ist zu unterlassen. Leistungen, die binnen maximal 30 Tagen ausgetauscht werden, können praktisch nicht mehr angefochten werden (sogenanntes BARGESCHÄFT). Durch LASTSCHRIFTEN und Vorkasse können Sie die Einhaltung des 30-Tagekriteriums sicherstellen.
- Prüfen Sie, ob die Gesamtverbindlichkeiten durch die Zahlungen tatsächlich zurückgeführt werden.

- Auch wenn Ihr Vertragspartner in Verzug gerät, sollten Sie ihm weder durch ausufernde MAHNUNGEN noch mit VOLLSTRECKUNGSHANDLUNGEN, INKASSOBÜROS oder RECHTSANWÄLTEN drohen. Denn: Wer mit der Vollstreckung droht, muss auch vollstrecken; freiwillige Zahlungen des Schuldners sind ab diesem Zeitpunkt in aller Regel anfechtbar.
- Bei „kritischen Kunden" sollten Sie alle Vorkommnisse hinreichend dokumentieren, um den Sachverhalt auch Jahre später noch rekonstruieren zu können. Vor Gericht ist nur derjenige erfolgreich, der etwas darlegen und beweisen kann.

4. Die Forderungsanmeldung des Gläubigers – eine klassische Anfechtungsfalle

Sehr häufig setzen sich Gläubiger selbst und völlig unnötig einem ANFECHTUNGSRISIKO aus. Nicht selten müssen Gläubiger sogar Geld zurückzahlen, weil ihr Hausanwalt oder Unternehmensjurist leicht vermeidbare Fehler begeht. Die größte Anfechtungsfalle für Gläubiger ist die Forderungsanmeldung. Der Ablauf ist häufig folgender:

Negativbeispiel einer Forderungsanmeldung:
Über das Vermögen des ehemaligen Kunden wird das Insolvenzverfahren eröffnet. Der Gläubiger bleibt auf seinen Forderungen aus diversen Rechnungen in Höhe von 20.000 Euro sitzen. Nach einiger Zeit erhält der Gläubiger einen Brief des Insolvenzverwalters, in dem er aufgefordert wird, seine Forderungen unter Nutzung von mitgesendeten Formularen anzumelden. Die Forderung soll glaubhaft gemacht werden. Der Gläubiger begründet seine Forderungen im Detail. Er listet alle Rechnungen der vergangenen zwei Jahre in Höhe von insgesamt 190.000 Euro und die darauf erhaltenen Teilzahlungen unter Angabe des jeweiligen Datums auf. Außerdem macht er Mahn- und Inkassokosten sowie Zinsen geltend. Um diese Kosten zu belegen, listet er mit Hilfe seines Anwalts auf, wann Mahnungen ausgesprochen und ein Inkassodienstleister beauftragt wurde.

Der Gläubiger liefert mit dieser Forderungsanmeldung dem Insolvenzverwalter Anhaltspunkte und Beweismittel für seine Kenntnis von einer drohenden Zahlungsunfähigkeit des Schuldners zu einem sehr frühen Zeitpunkt. Es ist nur konsequent, wenn der Insolvenzverwalter – im Wege der Anfechtung – die von dem Schuldner in der Vergangenheit erhaltenen Zahlungen zurückfordert. Die Forderungsaufstellung in der Anmeldung gibt Auskunft über Zahlungen des Schuldners, die der Insolvenzverwalter möglicherweise nicht kannte. Die Forderungsanmeldung dokumentiert das schleppende Zahlungsverhalten des

Schuldners in bester Art und Güte. Sie gibt Aufschluss über Mahnungen und Vollstreckungshandlungen des Gläubigers. Diese Art der Forderungsanmeldung ist der worst case. Lassen Sie die Forderungsanmeldung am besten durch einen Spezialisten für Insolvenzanfechtung vornehmen. Dies kostet in der Regel wenig Geld. Zu überlegen ist auch, ob überhaupt eine Forderung angemeldet werden sollte. Die Insolvenzquote ist gerade in Privatinsolvenzen sehr gering und liegt im Gesamtschnitt bei zwei bis drei Prozent. Das Risiko und der Aufwand für die Anmeldung stehen gerade bei der Privatinsolvenz häufig in keinem Verhältnis zum möglichen Ertrag, der Insolvenzquote. Wenn eine Forderungsanmeldung erfolgen soll, dann mit so wenig Informationen für den Insolvenzverwalter wie möglich.

5. Was kann ich tun, wenn der Insolvenzverwalter mich zur Rückzahlung auffordert?

Nicht jede Anfechtung ist berechtigt. Im Gegenteil: Das Recht der Anfechtung ist so kompliziert und die Rechtsprechung so uneinheitlich, dass sich fast alles vertreten lässt. Da ist die Versuchung groß, es einfach mal zu versuchen. Zumal jeder Cent mehr Insolvenzmasse die Vergütung des Insolvenzverwalters erhöht. Sie sollten auf den Brief des Insolvenzverwalters keinesfalls selbst antworten! Denn das Recht der Insolvenzanfechtung ist ein juristisches Spezialgebiet, auf dem mitunter sogar Fachanwälte für Insolvenzrecht überfordert sind. Nicht selten setzt sich der Gläubiger oder dessen Anwalt erst durch sein eigenes Verhalten der Gefahr einer Insolvenzanfechtung aus. Also nicht zahlen, sondern fundierten Rat einholen.

Zusammenfassung:
Gläubiger sind nicht verpflichtet, am Insolvenzverfahren teilzunehmen oder eine Forderung anzumelden. Oft lohnt sich der Aufwand nicht, da die Insolvenzquote sehr gering ist. Zusätzlich riskiert der Gläubiger mit einer unbedachten Forderungsanmeldung in das Visier des Insolvenzverwalters für eine Insolvenzanfechtung zu geraten. Mit der Insolvenzanfechtung kann der Insolvenzverwalter viele Jahre vor dem Insolvenzantrag erfolgte Zahlungen des Schuldners an den Gläubiger rückgängig machen. Der Gläubiger muss erhaltene Gelder in die Insolvenzmasse zurückzahlen. Voraussetzung hierfür ist, dass der Gläubiger bei Erhalt der Zahlungen Kenntnis von Umständen hatte, die zwingend auf die Zahlungsunfähigkeit des Schuldners schließen ließen. Die von der Rechtsprechung entwickelten Beweisanzeichen sind hier keine hohe Hürde. Unvollständige oder verspätete Zahlungen, Mahnungen, Drohungen mit Anwälten oder Inkassobüros, geplatzt Ratenzahlungsvereinbarungen und vieles mehr werden dem Gläubiger zum Verhängnis. Dieser

kann sich nur durch eine knapp gehaltene Forderungsanmeldung und ein geschicktes Forderungsmanagement im Vorfeld der Insolvenz schützen. In jedem Fall sollte der Gläubiger auf die Aufforderung eines Insolvenzverwalters nicht sofort zahlen, sondern mit einem Fachanwalt für Insolvenzrecht die Abwehr des Anspruchs und die Möglichkeiten für einen Vergleich besprechen.

Glossar – Begriffe und deren Bedeutung im Privatinsolvenzverfahren

Schuldner und Gläubiger sind in der Insolvenz regelmäßig mit Begriffen konfrontiert, die nicht immer verständlich sind. Im Privatinsolvenzverfahren haben untenstehende Begriffe folgende Bedeutung:

ABSONDERUNGSRECHT: Dieses Recht ist ähnlich wie das Aussonderungsrecht (vgl. dort). Allerdings kann der Absonderungsberechtigte nicht die Herausgabe des mit einem Absonderungsrecht belegenen Gegenstands oder der Forderung verlangen. Dieses Verwertungsrecht bleibt beim Insolvenzverwalter beziehungsweise eigenverwaltenden Schuldner, wenn diese Personen im Besitz der Sache oder der Forderung sind. Allerdings ist nach einer Verwertung der Erlös aus der Verwertung an den Absonderungsberechtigten herauszugeben. Der Insolvenzgläubiger, der über ein Absonderungsrecht verfügt, wird von den anderen Gläubigern abgesondert befriedigt. So zum Beispiel beim Vermieterpfandrecht. Die Verwertung der dem Vermieterpfandrecht unterliegenden Ladeneinrichtung eines in die Insolvenz geratenen Schuldners erfolgt durch den Insolvenzverwalter. Von dem Erlös ist zunächst der absonderungsberechtigte Vermieter zu befriedigen. Ein etwaiger Rest steht dann für die Befriedigung der anderen Insolvenzgläubiger zur Verfügung.

AUFHEBUNG DES INSOLVENZVERFAHRENS: Das Insolvenzverfahren wird durch den sogenannten Aufhebungsbeschluss des Insolvenzgerichts beendet. Aufgehoben wird der Insolvenzbeschlag und die damit einhergehende Verwaltungs- und Verfügungsbefugnis des Insolvenzverwalters über die Insolvenzmasse.

AUSSONDERUNGSRECHT: Dieser Begriff beschreibt den Anspruch einer Person gegen die Insolvenzmasse, ein Recht oder einen Gegenstand aus dieser heraus zu erhalten. Gegenstände, die mit einem Aussonderungsrecht behaftet sind, dürfen nicht verwertet werden. Sie stehen nicht der gemeinschaftlichen Befriedigung aller Insolvenzgläubiger zur Verfügung. Der Aussonderungsberechtigte kann vom Insolvenzverwalter beziehungsweise dem eigenverwaltenden Schuldner die Herausgabe verlangen. Beispiel: Das Eigentum oder der Eigentumsvorbehalt vermitteln dem Eigentümer ein Aussonderungsrecht. In der Privatinsolvenz verschafft Eigentum ein Aussonderungsrecht. Befinden sich in der Insolvenz eines Schuldners Gegenstände in der Ist-Masse, also jener Sachgesamtheit, die der Insolvenzverwalter in Besitz nimmt, die im

Eigentum des Sohnes des Schuldners stehen, zum Beispiel ein Fahrzeug, eine Maschine oder ein Bild, so kann der Insolvenzverwalter das Eigentum des Sohnes nicht verwerten, sondern muss dieses herausgeben.

BANKROTT: Eine umgangssprachliche und historische Bezeichnung für Insolvenz. Zugleich handelt es sich um einen Straftatbestand. In anderen Rechtsordnungen wird neben dem Bankrott auch der Begriff des Konkurses anstelle des Begriffs Insolvenz verwendet.

DEBITOR EN (DES SCHULDNERS): Personen, gegen die der Schuldner eine Forderung geltend machen kann (auch genannt: Drittschuldner). Das Gegenbeispiel bilden die Kreditoren des Schuldners, also jene Personen, die vom Schuldner etwas zu bekommen haben.

DELIKTSHANDLUNG: Eine andere Bezeichnung für Forderungen aus einer vorsätzlich begangenen unerlaubten Handlung. Einige Forderungen sind von der Restschuldbefreiung ausgenommen. Vor allem solche Schadenersatzforderungen, die aus der vorsätzlichen Begehung von Straftaten hervorgehen. Etwa Schadenersatz- und Schmerzensgeldansprüche bei einer vorsätzlich durch den Schuldner begangenen Körperverletzung, betrügerische Handlungen oder wirtschaftliche Untreue.

EIGENVERWALTUNG: Eine besondere Verfahrensart der Insolvenz. Es wird kein Insolvenzverwalter bestellt, sondern der Schuldner verwaltet sein Vermögen in der Insolvenz selbst. Statt eines die Verwaltungs- und Verfügungsbefugnis übernehmenden Insolvenzverwalters wird durch das Gericht lediglich ein Kontrolleur ernannt, der sogenannte Sachwalter.

FORDERUNGSANMELDUNG: Gläubiger können nach Eröffnung eines Insolvenzverfahrens über das Vermögen ihres Schuldners ihre Forderungen gegen diesen nicht mehr durchsetzen. Eine Klage oder Zwangsvollstreckung ist ausgeschlossen. Sie können ihre Forderungen gegen den Schuldner beim Insolvenzverwalter beziehungsweise Sachwalter in der Eigenverwaltung nur noch anmelden, also schriftlich geltend machen. Sie werden dann in ein Verzeichnis aufgenommen, die Insolvenztabelle, und erhalten in der Regel zum Abschluss des Verfahrens eine Teilzahlung auf ihre angemeldete und festgestellte Forderung, die Insolvenzquote.

INSOLVENZANFECHTUNG : Möglichkeit für den Insolvenzverwalter, Vermögensabflüsse aus dem Vermögen des Schuldners bis zu 10 Jahre vor dem Insolvenzantrag rückgängig zu machen. Der Empfänger des

Vermögenswertes muss diesen an die Insolvenzmasse herausgeben beziehungsweise den entsprechenden Betrag erstatten.

INSOLVENZANTRAG: Eine Insolvenz wird nicht angemeldet, sondern auf Antrag des Schuldners oder eines Gläubigers eröffnet. Möchte der Schuldner sein Ziel der Entschuldung erreichen, stellt er in der Regel neben dem Insolvenzantrag mit dem Antrag auf Erteilung der Restschuldbefreiung einen weiteren Antrag. Reicht sein Vermögen zur Deckung der Verfahrenskosten nicht aus, gehört sogar ein dritter Antrag zum Antragskonvolut mit dem Zweck eine den wirtschaftlichen Neuanfang einleitende Insolvenz auf den Weg zu bringen: der Antrag auf Verfahrenskostenstundung. Sämtliche Anträge sind an das Insolvenzgericht zu richten.

INSOLVENZBESCHLAG: Beschreibt alle Vermögenswerte, die in die Insolvenzmasse fallen, bei denen also die Verwaltungs- und Verfügungsbefugnis mit Eröffnung des Insolvenzverfahrens auf den Insolvenzverwalter übergeht. Dem Insolvenzbeschlag unterliegende Vermögenswerte werden in der Regel verwertet. Nicht dem Insolvenzbeschlag unterliegt das pfändungsfreie Vermögen des Schuldners.

INSOLVENZFORDERUNG: Alle Verbindlichkeiten des Schuldners, die vor Eröffnung des Insolvenzverfahrens begründet wurden, vergleiche § 38 InsO. Von diesen Verbindlichkeiten wird der Schuldner befreit. Nach Eröffnung des Insolvenzverfahrens begründete Verbindlichkeiten sind entweder Masseverbindlichkeiten (siehe dort) oder Neuverbindlichkeiten (siehe dort).

INSOLVENZGERICHT: Das für das Insolvenzverfahren und die Auswahl des Insolvenzverwalters/Sachwalters zuständige Gericht. Nach derzeitiger Rechtslage sind dies die Amtsgerichte. Für den Schuldner ist das Amtsgericht zuständig, in dessen Bezirk er seinen Wohnsitz hat beziehungsweise an dem er hauptsächlich seine selbstständige wirtschaftliche Tätigkeit ausübt. Die Länder haben bei der Zentralisierung der Gerichte Spielraum. So gibt es in Nordrhein-Westfalen für jeden Landgerichtsbezirk nur ein zuständiges Amtsgericht als Insolvenzgericht, nämlich dasjenige an dem Ort, an dem sich auch das jeweilige Landgericht befindet. So ist beispielsweise das Amtsgericht Köln auch für Schuldner zuständig, deren Wohnsitz eigentlich im Amtsgerichtsbezirk Leverkusen liegt. Schuldner sollten sich hiervon nicht abschrecken lassen. Wird der Antrag beim falschen Amtsgericht gestellt, ergeht ein Hinweis.

INSOLVENZGLÄUBIGER: Alle Gläubiger mit einer Insolvenzforderung (siehe dort).

INSOLVENZMASSE: Das von dem Insolvenzverwalter verwaltete Vermögen des Schuldners, das dem Ausgleich der Verfahrenskosten und der Befriedigung der bevorrechtigen Gläubiger sowie der Insolvenzgläubiger dient. Begrifflich wird häufig zwischen der Ist-Masse und der Soll-Masse unterschieden. Erstere ist die Gesamtheit aller Rechte und Sachen, die ein Insolvenzverwalter zunächst in Besitz nimmt. Er prüft dann, ob diese Gegenstände tatsächlich Vermögenswerte des Schuldners sind oder ob eventuell Drittrechte bestehen. Klassische Drittechte sind Aus- und Absonderungsrechte (siehe dort). Nach Bereinigung der Ist-Masse bleibt die Soll-Masse als für die Kosten des Insolvenzverfahrens, die Befriedigung der bevorrechtigten Massegläubiger und die Insolvenzgläubiger vorgesehene Vermögensmasse übrig. Nach Abzug der Kosten und der Bezahlung der Masseverbindlichkeiten bleibt dann die Teilungsmasse übrig. Dies ist die gewissermaßen finale und für die Insolvenzgläubiger wichtige Masse, weil nur diese tatsächlich zur Befriedigung ihrer Insolvenzforderungen zur Verfügung steht.

INSOLVENZPLAN: Ein Vergleichsvertrag, der eine Entschuldung in wenigen Monaten ermöglicht und auch gegen den Willen einzelner Gläubiger umgesetzt werden kann (Zwangsvergleich). Der Plan sieht eine teilweise Befriedigung der Gläubiger und deren Verzicht auf die restliche Forderung vor. In der Regel führt der Insolvenzplan zu einer höheren Befriedigung der Gläubiger und zu einer schnellen Restschuldbefreiung (siehe dort).

INSOLVENZTABELLE: Vom Insolvenzverwalter vorzubereitendes, beim Gericht geführtes Verzeichnis aller Insolvenzgläubiger, die eine Forderung anmelden. Die Aufnahme in die Insolvenztabelle ist Voraussetzung, damit der Gläubiger eine Zahlung aus der Insolvenzmasse erhält. Von der Restschuldbefreiung sind aber auch Forderungen erfasst, die ein Gläubiger nicht angemeldet hat.

INSOLVENZQUOTE : Maßstab für den Umfang der Befriedigung der Insolvenzgläubiger. Bei einer Quote von 3 Prozent erhält der Gläubiger einen Betrag in Höhe von 3 Prozent der von ihm zur Insolvenztabelle (siehe dort) angemeldeten und festgestellten Forderung. Hat ein Gläubiger eine Forderung von 3.000 Euro, erhält er im Rahmen der Verteilung dann 90 Euro. Von den restlichen 2.910 Euro wird der Schuldner befreit.

INSOLVENZVERWALTER: Person, die vom Gericht bestellt wird, um im Interesse der Gläubiger das Vermögen des Schuldners bestmöglich zu verwerten und zu verteilen. Zudem erstattet er dem Insolvenzgericht Bericht über alle relevanten Dinge, insbesondere zu etwaigen Gründen, dem Schuldner die Restschuldbefreiung zu versagen. Er ist für den Schuldner der erste und wichtigste Ansprechpartner.

IST-MASSE: Siehe Insolvenzmasse.

GLÄUBIGERVERSAMMLUNG: Entscheidungsgremium der Gläubiger. In der Privatinsolvenz wird die Versammlung häufig im schriftlichen Verfahren durchgeführt, weil an Präsensveranstaltungen regelmäßig niemand teilnimmt. Von Rechts wegen hat dieses Gremium den größten Einfluss auf das Insolvenzverfahren und trifft alle Entscheidungen.

KREDITOR EN (DES SCHULDNERS): Personen, die gegen den Schuldner einen Anspruch geltend machen können (auch: Gläubiger).

KONKURS: Eine ältere Bezeichnung für den Begriff der Insolvenz. Der Begriff wird heute noch in ausländischen Rechtsordnungen verwendet. Siehe auch Bankrott.

MASSEVERBINDLICHKEITEN: Dies sind Verbindlichkeiten, die der Insolvenzverwalter aus der von ihm verwalteten Vermögensmasse des Schuldners vorab bedienen muss. Dies sind vor allem Verbindlichkeiten aus der Zeit nach Eröffnung des Insolvenzverfahrens, die der Insolvenzverwalter begründet hat.

NEUVERBINDLICHKEITEN : Verbindlichkeiten, die der Schuldner nach Eröffnung des Insolvenzverfahrens begründet und daher nicht von der Restschuldbefreiung erfasst sind. Diese muss der Schuldner aus seinem insolvenzfreien Vermögen bedienen. Zum Beispiel Einkäufe nach Eröffnung des Insolvenzverfahrens oder eine Stromrechnung für den danach liegenden Zeitraum.

PRIVATINSOLVENZ: Eine umgangssprachliche und auch in der Rechtswissenschaft verwendete, unscharfe Bezeichnung bestimmter Insolvenzverfahren. Überwiegend werden als Privatinsolvenzverfahren solche Verfahren bezeichnet, bei denen der Schuldner eine natürliche Person ist. Das sind aber auch selbstständige Personen und vor allem Kaufleute. Damit können Privatinsolvenzen auch Unternehmensinsolvenzen sein. Die Insolvenz der Drogeriemarktkette Anton Schlecker e.K. war eine Privatinsolvenz und größer als viele Unternehmensinsolvenzen. Von

Unternehmensinsolvenz wird in der Regel gesprochen, wenn der Schuldner eine juristische Person, also eine GmbH, eine Aktiengesellschaft, eine GmbH & Co. KG oder ähnliches ist. In diesem Zusammenhang ist auch der Begriff der Verbraucherinsolvenz zu nennen (siehe dort).

PRIVATKONKURS: siehe Konkurs und Privatinsolvenz.

RESTRUKTURIERUNGSPLAN: Ähnlich wie der Insolvenzplan (siehe dort) handelt es sich hierbei um eine Vereinbarung, die von der Mehrheit der Gläubiger in einem Restrukturierungsverfahren beschlossen wird. Anders als der Insolvenzplan kann gegen den Willen bestimmter Gläubiger auf deren Forderungen nicht eingewirkt werden.

RESTRUKTURIERUNGSVERFAHREN: Ein seit dem 1.1.2021 mögliches Verfahren bei drohender, aber noch nicht eingetretener Zahlungsunfähigkeit zur Erreichung eines Schuldenschnitts, also einer Reduzierung von Verbindlichkeiten durch eine Vereinbarung mit der Mehrheit der Gläubiger in einem Restrukturierungsplan (siehe dort). Es handelt sich um eine Insolvenz ohne Insolvenzverfahren und Insolvenzverwalter. Als Kontrolleur ernennt das Restrukturierungsgericht einen Restrukturierungsbeauftragten. Für Verbraucher und Selbstständige kommt dieses Verfahren in der Regel nicht in Betracht. Da Selbstständige unternehmerisch tätig sind, können diese auf das Restrukturierungsverfahren zurückgreifen. In der Regel empfiehlt sich aber zunächst eine Sanierungsmoderation (siehe dort) und im Fall des Scheiterns derselben dann eine Insolvenz in Eigenverwaltung (siehe dort).

RESTSCHULDBEFREIUNG: Die Restschuldbefreiung sollte das Ziel eines Insolvenzverfahrens sein. Sie wird vom Insolvenzgericht beschlossen und hat zur Folge, dass der Schuldner von seinen Verbindlichkeiten unter bestimmten Bedingungen befreit wird. Die Gläubiger können dann ihre Forderungen gegen den Schuldner nicht mehr gerichtlich durchsetzen. Das Restschuldbefreiungsverfahren ist notwendiger Teil des Entschuldungsverfahrens, das in Deutschland aus Insolvenz- und Restschuldbefreiungsverfahren besteht. Die Restschuldbefreiung kann auch über einen Insolvenzplan und – je nach Gläubigerstruktur – auch durch einen Restrukturierungsplan oder eine Sanierungsmoderation erreicht werden.

SACHWALTER: Kontrolleur bei einer Insolvenz ohne Insolvenzverwalter, der sogenannten Eigenverwaltung (siehe dort).

SANIERUNGSMODERATOR: Von einem Gericht bestellte Person, die unter Berücksichtigung der wechselseitigen Interessen von Schuldner und Gläubigern eine einvernehmliche Lösung über einen Schuldenschnitt (siehe dort) oder weitergehende Vereinbarungen erreichen soll.

SCHRIFTLICHES VERFAHREN: Gläubigerversammlungen, Berichts- und Prüfungstermine werden grundsätzlich in Präsenz bei dem Insolvenzgericht durchgeführt. Zur Verfahrensvereinfachung und aufgrund der Tatsache, dass bei diesen Terminen häufig niemand erscheint, sieht die Insolvenzordnung vor, dass fast alle Termine auch im schriftlichen Verfahren erfolgen können. Dies ist bei „kleinen" Insolvenzen vor allem von Verbrauchern die Regel.

SCHULDENBEREINIGUNGSVERSUCH, AUSSERGERICHTLICHER: Vor jeder Insolvenz kann der Schuldner auch versuchen, eine Einigung mit seinen Gläubigern über einen teilweisen Schuldenerlass und damit eine Bereinigung der Schulden herbeizuführen. Vor dem Insolvenzantrag eines Verbrauchers ist dieser Versuch verpflichtend und muss unter Wahrung bestimmter gesetzlicher Voraussetzungen sogar von einer qualifizierten Stelle, also einem Rechtsanwalt oder anerkannten Schuldnerberater erfolgen und im Rahmen des Insolvenzantrags nachgewiesen werden.

SCHULDENSCHNITT: Auch Schuldenerlass oder Haircut genannt. Schuldner und Gläubiger einigen sich über einen teilweisen Erlass bestehender Schulden. Art und Umfang des Schuldenerlasses sind frei verhandelbar. Der Insolvenzplan und der Restrukturierungsplan sehen regelmäßig einen vollständigen Schuldenerlass gegen Zahlung eines Teilbetrages (Insolvenzquote, siehe dort) vor.

SCHULDNER : Die Person, die sich im Insolvenzverfahren befindet.

SCHULDNER, EIGENVERWALTENDER: siehe Eigenverwaltung.

SOLL-MASSE: siehe Insolvenzmasse.

TEILUNGSMASSE: Insolvenzmasse, die nach Abzug der Verfahrenskosten und Bereinigungen zur Verteilung an die Insolvenzgläubiger übrigbleibt. Aus ihr wird die Insolvenzquote bestritten. Siehe auch Insolvenzmasse.

TREUHÄNDER : Bezeichnung des vormaligen Insolvenzverwalters während des Restschuldbefreiungsverfahrens, also nach Aufhebung des Insolvenzverfahrens. Treuhänder und Insolvenzverwalter sind in der Praxis immer die gleiche Person. In vor dem 1.7.2014 beantragten Verbraucherinsolvenzverfahren wird der Insolvenzverwalter Treuhänder genannt.

UNERLAUBTE HANDLUNG, VORSÄTZLICHE: Siehe Deliktshandlung.

UNTERNEHMENSINSOLVENZ: siehe Verbraucherinsolvenz.

VERBRAUCHERINSOLVENZ: Siehe zunächst Privatinsolvenz. Der Begriff der Verbraucherinsolvenz ist etwas präziser als der der Privatinsolvenz. Dies liegt vor allem daran, dass das Gesetz diesen Begriff kennt und für Verbraucher eine eigene Verfahrensart vorsieht. Ein Blick in die maßgebliche Vorschrift, § 304 InsO, zeigt aber, dass die Abgrenzung zwischen Verbraucherinsolvenz und Regelinsolvenz keineswegs überschaubar oder leicht ist. Der Begriff der Regelinsolvenz ist wiederum ein Kunstbegriff, den das Gesetz nicht vorsieht. Er wurde als Gegenstück zur besonderen Art der Verbraucherinsolvenz entwickelt. Eben jene Verfahrensart, die regelmäßig Anwendung findet, wenn die besondere Verfahrensart Verbraucherinsolvenz nicht einschlägig ist. Weitere Verfahrensarten sind die Eigenverwaltung (siehe dort) und die Verfahren nach dem StaRUG, die Sanierungsmoderation und das Restrukturierungsverfahren (siehe jeweils dort).

VERFAHRENSKOSTENSTUNDUNG : Möglichkeit für vermögenslose Schuldner, die notwendigen Verfahrenskosten zunächst nicht zahlen zu müssen, und trotzdem das Entschuldungsverfahren durchführen zu können. Die Stundung führt bei fortbestehender Vermögenslosigkeit zu einem vollständigen Erlass der Verfahrenskosten.

VERSAGUNGSANTRAG: Ein Insolvenzgläubiger kann beantragen, dass dem Schuldner die Erteilung der Restschuldbefreiung versagt wird. Dann wird der Schuldner von allen Verbindlichkeiten nicht befreit. Die Versagung erfolgt durch einen Beschluss des Gerichts, der von dem Schuldner angefochten werden kann. Die Hürden für einen erfolgreichen Versagungsantrag sind sehr hoch. Es müssen bestimmte Versagungsgründe vorliegen. Jeder ehrliche Schuldner hat es ohne weiteres in der Hand, solche Versagungsgründe zu vermeiden.

VERWALTUNGS- UND VERFÜGUNGSBEFUGNIS: Das Recht des Insolvenzverwalters oder eigenverwaltenden Schuldners über die dem Insolvenzbeschlag unterliegenden Vermögenswerte zu verfügen und diese zu verwalten, also vor allem in Besitz zu nehmen. Die Insolvenz führt nicht dazu, dass der Insolvenzverwalter Eigentümer wird. Das Eigentum bleibt beim Schuldner; der Insolvenzverwalter verwaltet dieses lediglich und trifft Verfügungen, wie etwa den Verkauf und die Übertragung des Eigentums an einem Grundstück, um den Erlös an die Gläubiger zu verteilen.

WOHLVERHALTENSPERIODE: Wenn der Schuldner die Restschuldbefreiung beantragt hat, schließt sich nach der Phase des gerichtlichen Insolvenzverfahrens die Wohlverhaltensperiode an. In diesem Zeitraum, der nach neuem Recht drei Jahre ab der Eröffnung des Insolvenzverfahrens dauert, muss der Schuldner die pfändbaren Bezüge aus seinem monatlichen Einkommen an den Treuhänder abführen.

Stichwortverzeichnis

R

S

T

U

V

W

Z